Textos y edición de Ana Delgado
Ilustraciones de Kasandra
Corrección de M.ª Jesús Díaz

© SUSAETA EDICIONES S.A.
C/ Campezo, 13 - 28022 Madrid
Tel.: 91 3009100
general@susaeta.com
www.susaeta.com

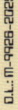

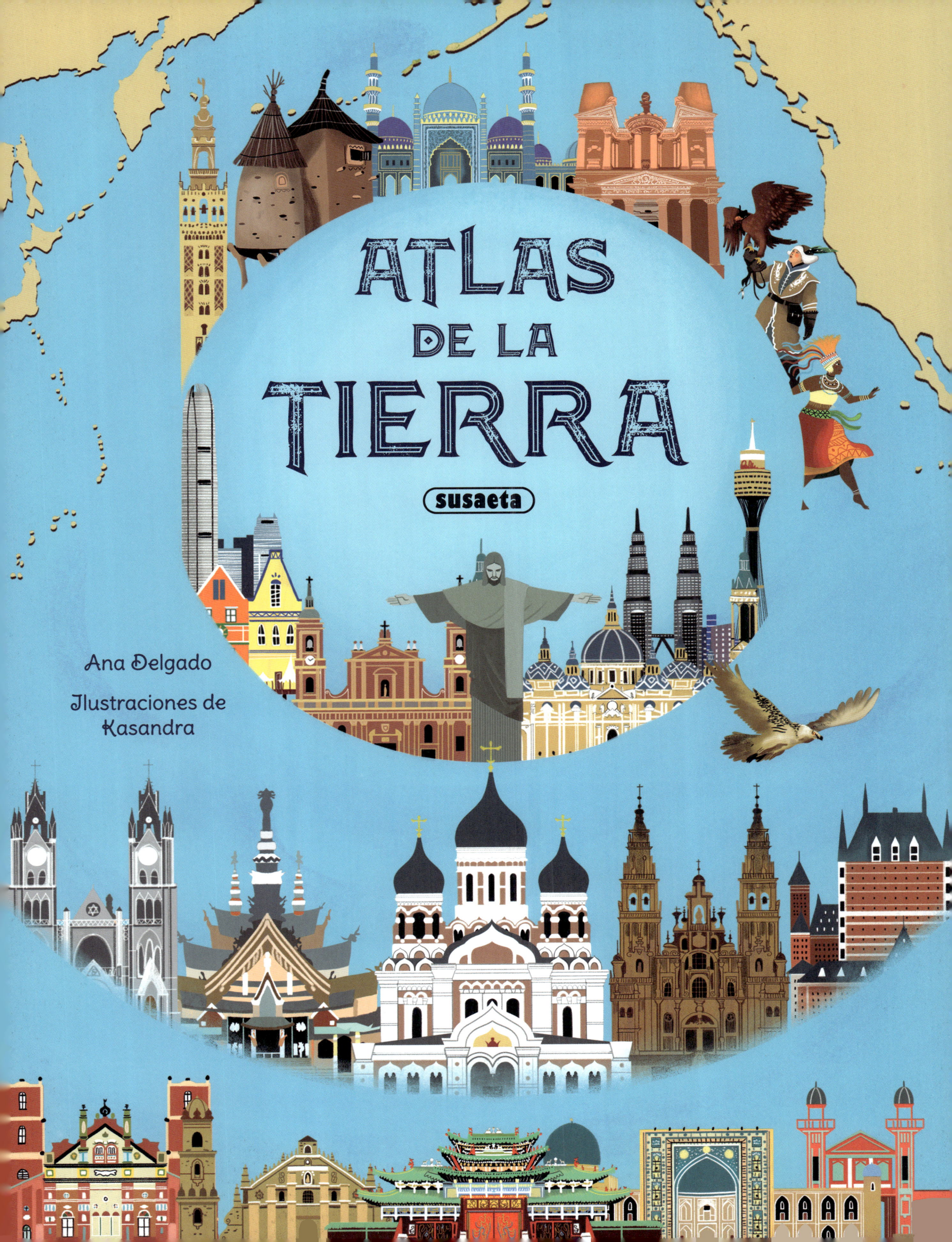

# SUMARIO

# Un lugar llamado Tierra

Un extraterrestre viaja por el espacio cuando, de pronto, algo llama su atención: ¡un planeta desconocido! Es tan hermoso que no puede evitar sentirse atraído por él: a la luz de la estrella más cercana (el Sol), se ve casi todo azul, azul brillante. Algunos jirones blancos de nubes ocultan a trozos la superficie, que también muestra partes marrones, amarillas y verdes. El extraterrestre decide entrar en su órbita y detiene la nave.

El extraterrestre había visto agua antes, pero aún no había conocido un lugar donde, desde tanta distancia, pudiera verse fácilmente el agua en tres estados distintos: sólido (el hielo de los polos), líquido (el mar) y gaseoso (las nubes). El agua del mar refleja la luz del Sol y convierte a la Tierra en el planeta más resplandeciente del sistema solar.

«¡No hay marcas de impactos de meteoritos en su superficie!», piensa el extraterrestre. Busca en su ordenador de a bordo y encuentra la explicación: este planeta sufre terremotos y tiene actividad volcánica. Estos fenómenos van modificando el paisaje.

Poco a poco, a medida que el planeta se mueve, una zona de sombra avanza y comienzan a iluminarse millones de lucecitas. Encandilado por la magia de los puntitos brillantes, el extraterrestre observa la noche llegar. Él no lo sabe, pero esas lucecitas ¡somos nosotros!

# Formación de

Hace alrededor de 4700-4500 millones de años, con los fragmentos de polvo estelar y el gas que fueron componiendo el sistema solar, se formó la Tierra: una bola de masa fundida que aún conserva el calor en su interior, aunque la parte externa se enfrió y se endureció.

De las tres capas que la componen, el **NÚCLEO** es la parte más caliente; el **MANTO** es una masa de materia fundida y la **CORTEZA**, una capa solidificada formada por distintos bloques de tierra.

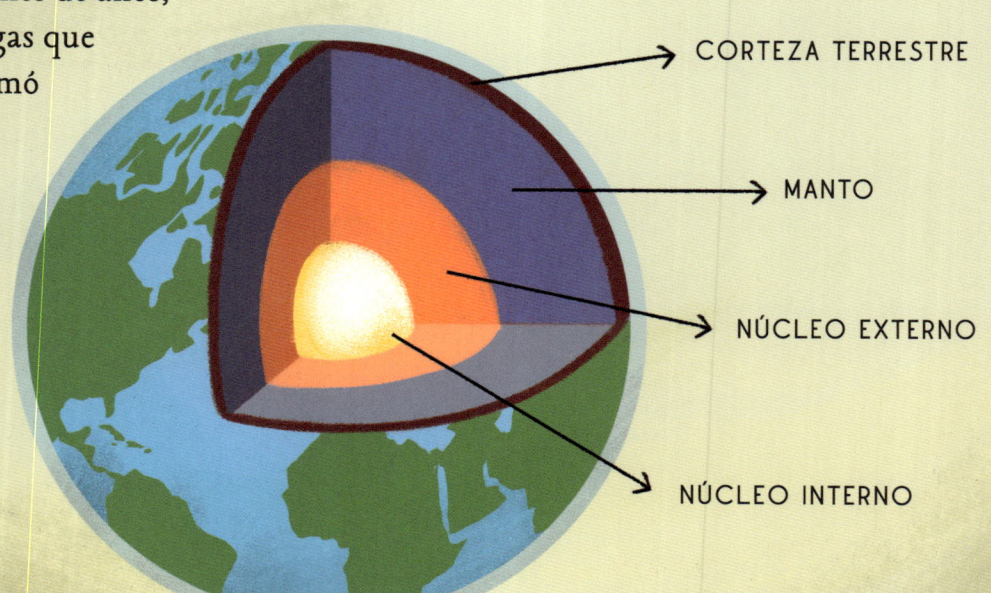

CORTEZA TERRESTRE

MANTO

NÚCLEO EXTERNO

NÚCLEO INTERNO

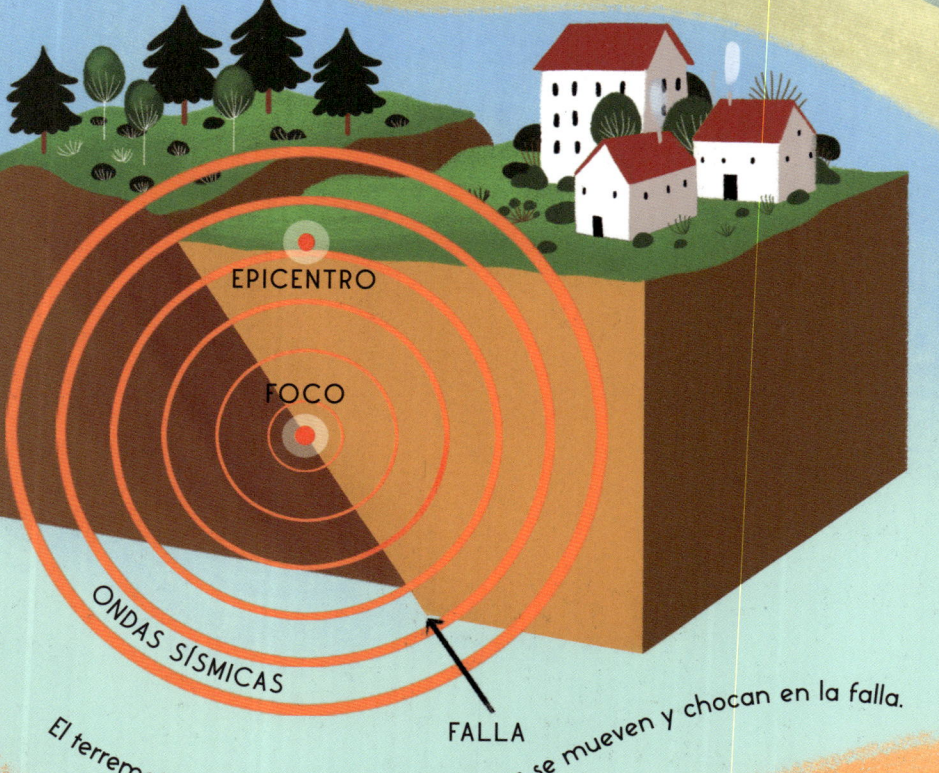

EPICENTRO

FOCO

ONDAS SÍSMICAS

FALLA

El terremoto se produce cuando las placas se mueven y chocan en la falla.

El interior de la Tierra no es sólido, y no tiene una temperatura estable. Aunque no lo notemos, está siempre alterado y en movimiento. Tampoco la corteza terrestre se parece a la piel lisita de una naranja, sino más bien a la de una piña, compuesta de diferentes piezas: son las **PLACAS TECTÓNICAS**.

Estas, aunque están juntas, no están unidas. Entre ellas hay separaciones o fallas. Los movimientos del interior de la Tierra hacen que las placas se desplacen y choquen por alguna falla, provocando **TERREMOTOS**.

El movimiento de las placas tectónicas —que pueden chocar, presionar entre ellas, montarse unas encima de otras, friccionar o separarse— también causa la **ACTIVIDAD VOLCÁNICA** en el manto: con la presión que se produce en el interior, la roca fundida (el magma) acaba rompiendo la corteza, buscando una válvula de escape, y sale con fuerza al exterior.

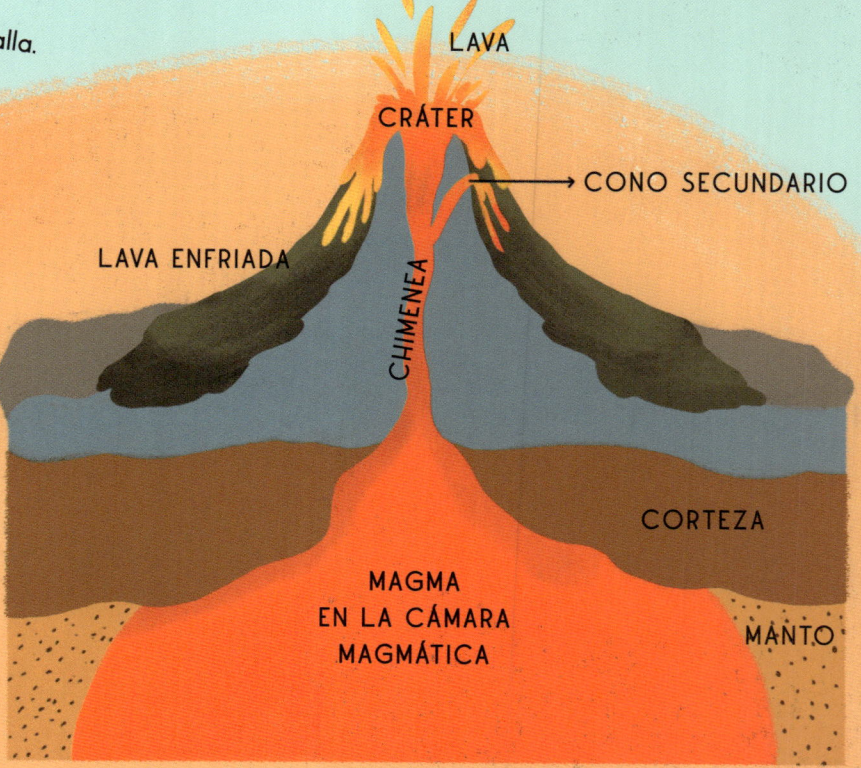

LAVA

CRÁTER

CONO SECUNDARIO

LAVA ENFRIADA

CHIMENEA

CORTEZA

MAGMA EN LA CÁMARA MAGMÁTICA

MANTO

# la Tierra

Los **CONTINENTES** no siempre han tenido la distribución actual: el movimiento de las placas tectónicas modifica la configuración de la tierra emergida (es decir, la tierra que no está cubierta por mar: los continentes y las islas). A lo largo del tiempo, ha habido **SUPERCONTINENTES** que formaban una única masa de tierra, que se han fragmentado y se han separado en varios continentes y que luego se han vuelto a juntar. El último supercontinente fue **PANGEA**, y a partir de él se formaron los continentes actuales.

Pangea

Laurasia

Gondwana

PERÍODO PÉRMICO

PERÍODO TRIÁSICO

PERÍODO JURÁSICO

PERÍODO CRETÁCICO

PRESENTE

¿Y los OCÉANOS?
¿De dónde salió el agua?

Varias hipótesis explican su origen. Por ejemplo, se cree que **COMETAS Y ASTEROIDES**, que portan moléculas de agua, las fueron dejando en la Tierra al chocar con ella.

Otra hipótesis sugiere que ya había agua cuando se formó el sistema solar (es decir, que **HABÍA AGUA EN LA TIERRA**, y en otros planetas, **DESDE EL PRINCIPIO**), y que los volcanes fueron expulsándola al exterior, junto con gases que fueron formando la atmósfera. La atmósfera es una capa que puede retener el vapor de agua; este vapor, al enfriarse, se condensaba y se convertía en agua líquida, y así se fueron formando, poco a poco, los océanos.

VENUS
MARTE
SATURNO
SOL
MERCURIO
LA LUNA
JÚPITER
NEPTUNO
LA TIERRA
URANO

# Así es la Tierra

La Tierra está en la galaxia Vía Láctea, en un sistema planetario que llamamos «sistema solar» porque tiene como estrella el Sol.

## ¿Cuánto mide?

Su diámetro (el eje) Este-Oeste es de 12 756 km. Pero si lo medimos de polo a polo (Norte-Sur) es menor.

## Entonces... ¿no es redonda la Tierra?

Tiene forma redondeada, pero no es una esfera perfecta. Está achatada por los polos, o abombada por la zona ecuatorial, a causa de la fuerza centrífuga de la rotación y la fuerza de la gravitación.

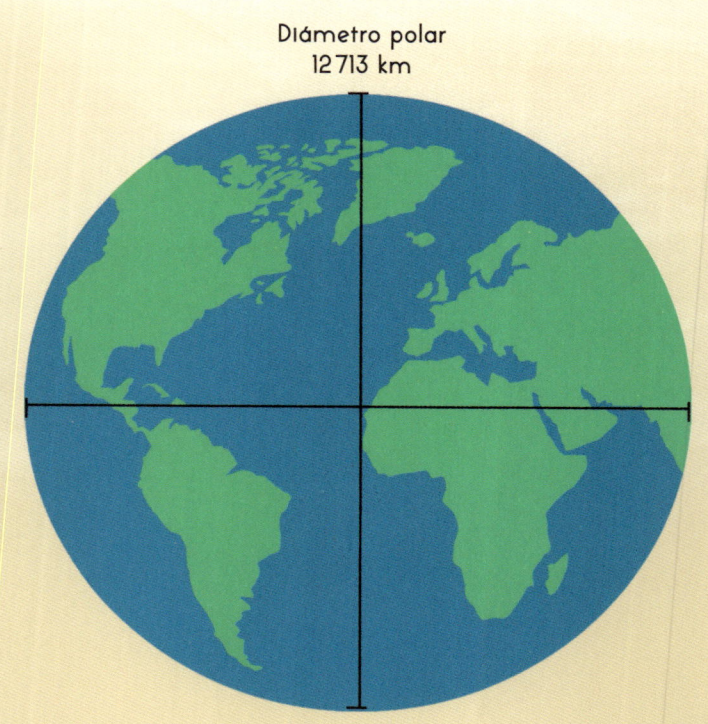

Diámetro polar
12 713 km

Diámetro ecuatorial
12 756 km

La LUNA tiene un diámetro que es cuatro veces menor que el de la Tierra.

A la forma achatada de la Tierra se la denomina forma ESFEROIDAL.

Agua de los océanos

Tierra emergida

Agua total

Tierra total

## ¿Hay más agua que tierra?

Si miras un planisferio o un globo terráqueo, verás que la proporción de agua es mucho mayor; más o menos, el 70% es agua y el 30% es tierra.

Pero que no te engañen tus ojos: esto es solo en la superficie.

En realidad, si consideramos el planeta entero, la proporción de agua es bastante pequeña (y casi toda es agua salada).

# ¿Cuántos continentes hay en la Tierra?

Esta pregunta aparentemente sencilla no es fácil de responder. Algunos opinan que solo hay cuatro continentes, y otros que hay cinco, seis o siete. Una visión muy aceptada es la de que hay cinco continentes habitados (África, Asia, Europa, América y Oceanía) y uno deshabitado (Antártida). Pero también es común hablar de siete continentes si se divide América en dos. Ninguna opción es mejor que otra.

Desde el punto de vista de la **GEOGRAFÍA**, se pueden considerar los continentes como masas de tierra separadas por mares. Así, Europa y Asia forman un solo continente que muchos llaman Eurasia, aunque suele tomarse la cadena de los montes Urales como una marca entre los dos.

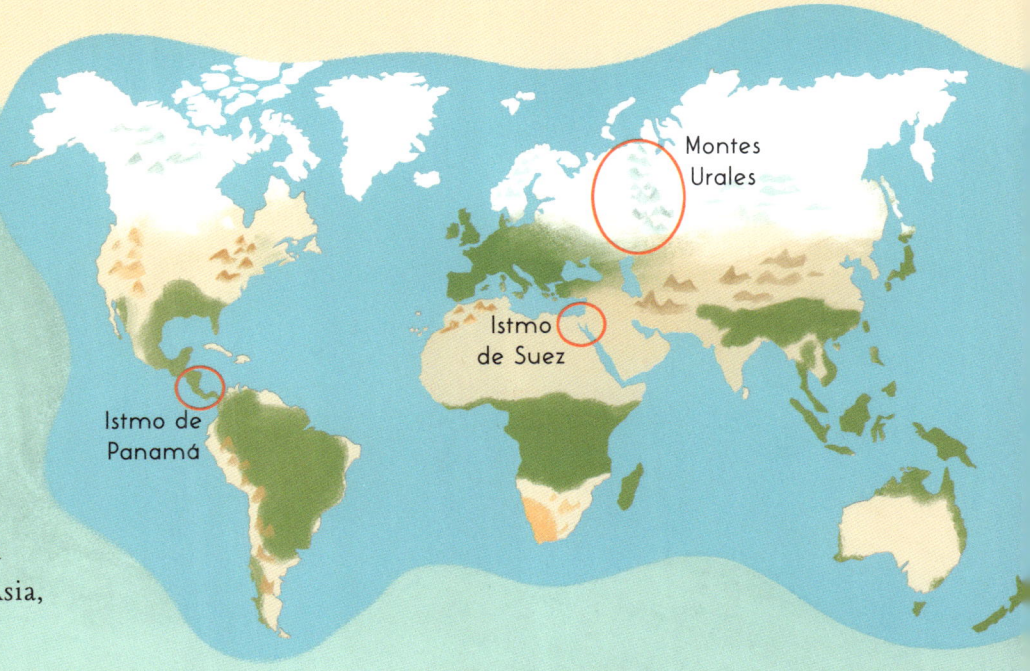

Esta forma de división es problemática: ¿qué pasa con las numerosas islas de Oceanía? ¿Y con todas las demás islas? Y las dos Américas, unidas por el istmo de Panamá, ¿son un continente? ¿No deberían serlo entonces también África y Asia, unidas por el istmo de Suez?

La tectónica de placas es una de las formas en que la **GEOLOGÍA** define los continentes. De acuerdo con las diferentes placas, Europa y Asia forman un continente; América está partida y las islas del Pacífico no comparten placa con Australia y serían un continente distinto.

Otra interpretación toma en cuenta la **CERCANÍA CULTURAL** de los pueblos, que tiene que ver con la historia y la política, y que hace que sigamos considerando a Asia y Europa como continentes distintos cuando geográfica y geológicamente son el mismo; o que digamos que las islas de Oceanía son un único continente.

Sea como sea, las divisiones continentales no deben separar a los habitantes del planeta.

¿Sabías que Estambul es una ciudad que se encuentra entre dos continentes?

# La Tierra en un mapa

Imagina que tienes que dibujar un mapa que muestra tres casas: la casa A y la casa B están separadas 5 kilómetros, y la casa B y la casa C también están separadas 5 kilómetros. Una carretera recta, sin curvas, une las tres casas.

Tienes que usar una ESCALA en la que 1 KILÓMETRO EQUIVALE A 1 CENTÍMETRO. Visto desde arriba, ambos tramos de carretera se ven igual de largos, y los dos deberían medir en tu papel 5 centímetros. Así:

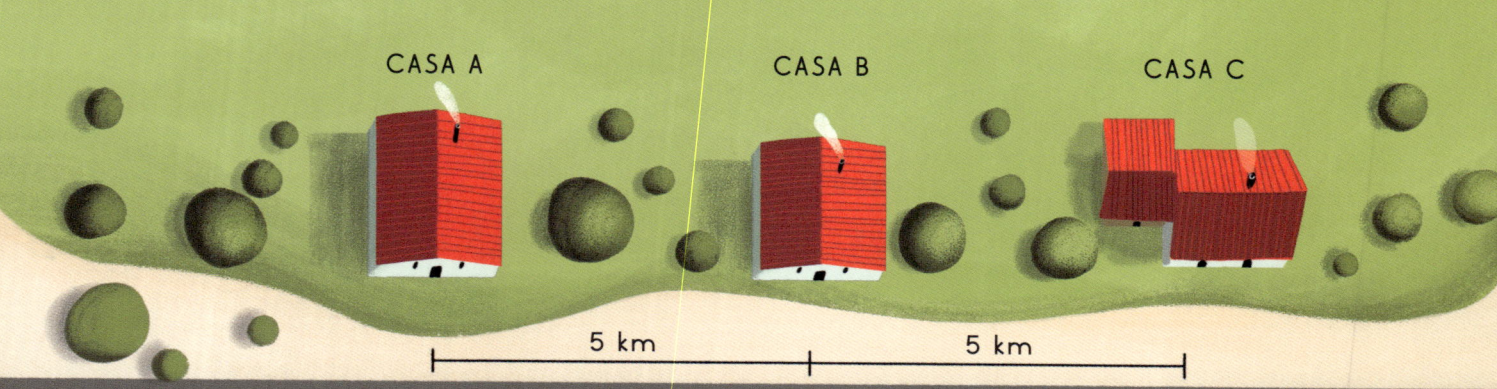

CASA A    CASA B    CASA C

5 km    5 km

Ahora imagina que entre la casa B y la casa C hay una montaña.

La carretera, aunque va en línea recta, tiene que subir una ladera y luego bajarla. La pendiente que sube mide 4 kilómetros, y la que baja, otros 4: así que ese tramo de carretera no mide 5 kilómetros, sino 8, pero desde arriba esto no se aprecia.

¡Qué problema! Tu mapa tiene que mostrar la imagen desde arriba, en un plano. Pero el terreno que representas no es liso... Y no puedes dibujar una línea de 8 centímetros para la segunda carretera, porque, aunque la carretera recorra 8 kilómetros, la casa B y la C siguen estando a una distancia de 5 kilómetros.

5 km

¿Crees que puedes ser fiel a la distancia entre las casas al mismo tiempo que representas la longitud real de las carreteras?

El problema que plantea hacer un mapa es que EL RELIEVE NO PUEDE MOSTRARSE EN UN PLANO. Así, normalmente los mapas no suelen representar la longitud real de carreteras o caminos, sino la distancia (en plano) que hay entre los lugares. Este tipo de mapa parece más sencillo de realizar, pero el planisferio (un plano de la esfera terrestre) se complica, precisamente porque la Tierra es redonda.

Intenta envolver una pelota con un papel. ¡Imposible! Se hacen arrugas, hay partes que se quedan sin cubrir... ¿Cómo puede un papel plano representar una superficie curva? La CARTOGRAFÍA se ha ocupado de minimizar estos problemas, pero lo cierto es que no es posible trasladar el relieve y la curvatura de la Tierra a un plano.

En los PLANISFERIOS siempre hay zonas del globo que se muestran mayores de lo que realmente son, y otras que aparecen más pequeñas que en la realidad. Observa los ejemplos de estos mapas tan distintos:

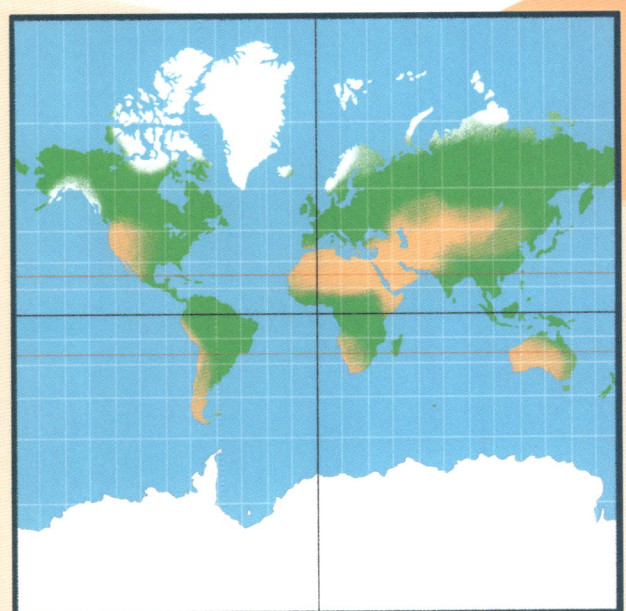

### PROYECCIÓN DE MERCATOR

El tipo de mapa más utilizado. Esta representación convierte la esfera terrestre en un cilindro para que, al desenrollarlo, quede plano. Aquí las áreas más próximas a los polos se «estiran» y parecen mucho más grandes de lo que son.

### PROYECCIÓN DE AITOFF

Pretende reflejar mejor la curvatura terrestre, pero tampoco representa la realidad y también agranda las áreas próximas a los polos.

La proyección de Fuller deforma menos los continentes y los muestra más cercanos a la realidad, al «aplanar» la esfera en un poliedro de muchas caras que se despliega. Lo malo es que el mapa resultante no refleja la continuidad de la superficie terrestre.

Polo norte

### PROYECCIÓN DE FULLER

Polo sur

Este libro incluye mapas del mundo y de sus partes. Cuando lo leas, debes tener todo esto en cuenta. Si quieres ver una representación más próxima a la realidad, hazte con un globo terráqueo: comprobarás lo grande que es la Antártida, lo aislada que está la isla de Pascua, lo ancho que es el océano Pacífico...

OCÉANO ÁRTICO

Groenlandia
(Dinamarca)

ISLANDIA

Alaska
(EE.UU.)

CANADÁ

OCÉANO
ATLÁNTICO

NOR

IRLANDA  REINO
UNIDO

DINAMA

PAÍSES
BAJOS

A

BÉLGICA

LUXEMBUR

FRANCIA

SU

ANDORRA

PORTUGAL  ESPAÑA

TÚ

MARRUECOS

ARGELIA

OCÉANO
PACÍFICO

ESTADOS
UNIDOS

MÉXICO

BAHAMAS

CUBA

HAITÍ

JAMAICA

REP.
DOMINICANA

PUERTO
RICO

ANTIGUA Y BARBUDA

DOMINICA

SAN CRISTÓBAL Y NIEVES

SANTA LUCÍA

SAN VICENTE Y GRANADINAS

GRANADA

BARBADOS

TRINIDAD Y TOBAGO

CABO VERDE

MAURITANIA

MALI

NÍ

SENEGAL

GAMBIA

GUINEA-BISÁU

GUINEA

BURKINA
FASO

BENÍN

NIGE

SIERRA LEONA

LIBERIA

COSTA DE
MARFIL

GHANA

TOGO

GUINEA ECUATORIAL

SANTO TOMÉ Y PRÍNCIPE

BELICE

GUATEMALA  HONDURAS

EL SALVADOR  NICARAGUA

COSTA RICA  PANAMÁ

VENEZUELA

GUYANA

COLOMBIA

SURINAM

ECUADOR

Hawái
(EE.UU.)

KIRIBATI

PERÚ

BRASIL

Polinesia Francesa
(Francia)

BOLIVIA

OCÉANO
ATLÁNTICO

CHILE

PARAGUAY

ARGENTINA

URUGUAY

A lo largo de la historia, las fronteras de los países
han ido variando. Tratados, independencias, invasiones,
descolonizaciones o acuerdos de diverso tipo han modificado
los límites de cada territorio. Por desgracia, las guerras han
sido parte del proceso en numerosas ocasiones.

Actualmente muchos territorios son disputados por más
de un Gobierno y eso hace que sea difícil decir cuántos países
hay, pero este mapa político te puede dar una idea general.

El que exista una división política de países permite que los
habitantes de cada uno puedan pactar las formas en las que
quieren gobernarlo y administrarlo.

# MapaMundi

OCÉANO ÁRTICO

RUSIA

OCÉANO
PACÍFICO

FINLANDIA
ESTONIA
LETONIA
LITUANIA
ONIA
BIELORRUSIA
OVAQUIA
NGRÍA
MOLDAVIA
UCRANIA
RUMANÍA
SERBIA
AN
BULGARIA
MACEDONIA
ALBANIA
GRECIA
TURQUÍA
CHIPRE
LÍBANO
SIRIA
ISRAEL
IRAK
JORDANIA
KUWAIT
GEORGIA
ARMENIA AZERBAYÁN
UZBEKISTÁN
KIRGUISTÁN
TURKMENISTÁN
TAYIKISTÁN
AFGANISTÁN
IRÁN
PAKISTÁN

KAZAJISTÁN
MONGOLIA
CHINA
COREA DEL NORTE
COREA DEL SUR
JAPÓN

EGIPTO
ARABIA
SAUDÍ
BARÉIN
CATAR
EMIRATOS
ÁRABES
OMÁN
NEPAL
BUTÁN
INDIA
BANGLADÉS
MYANMAR
LAOS
TAILANDIA
VIETNAM
CAMBOYA

FILIPINAS

ESTADOS FEDERADOS
DE MICRONESIA

ISLAS
MARSHALL

HAD
SUDÁN
ERITREA
YEMEN
YIBUTI
ETIOPÍA
REP.
ROAFRICANA
SUDÁN
DEL SUR
SOMALIA
MALDIVAS
SRI LANKA
MALASIA
SINGAPUR
BRUNÉI
PALAOS
NAURU
KIRIBATI

REP.
DEM. DEL
CONGO
UGANDA
RUANDA
BURUNDI
KENIA
TANZANIA
SEYCHELLES
INDONESIA
PAPÚA
NUEVA
GUINEA
ISLAS
SALOMÓN
TUVALÚ

OLA
ZAMBIA
MALAUI
COMORAS
MADAGASCAR
MAURICIO
TIMOR
ORIENTAL
VANUATU
FIYI
SAMOA
TONGA

BIA
ZIMBABUE
MOZAMBIQUE
BOTSUANA
SUDÁFRICA
ESUATINI
LESOTO

OCÉANO
ÍNDICO

AUSTRALIA

NUEVA
ZELANDA

OCÉANO ANTÁRTICO

OCÉANO
ANTÁRTICO

Antártida

# ÁFRICA

África es un lugar luminoso, donde la naturaleza se muestra indómita y ardiente como sus rojos atardeceres. Es un continente para los sentidos: colores intensos, olores penetrantes y sabores primigenios, con pueblos de ricas culturas y tradiciones que llevan la historia en el cuerpo y la música en el corazón.

África posee tres desiertos importantes: el desierto del Sáhara, el desierto del Namib y el desierto del Kalahari. El **SÁHARA** es el mayor de ellos y también el más grande del planeta. Zorros, escorpiones y arañas, reptiles o el imprescindible dromedario soportan bien las altas temperaturas.

OCÉANO ATLÁNTICO

MAR MEDITERRÁNEO

DESIERTO DEL SÁHARA

SAHEL

Al sur del Sáhara, el desierto va poco a poco transformándose y el paisaje comienza a verdear: es la franja de tierra conocida como el **SAHEL**. A través del Sáhara y el Sahel viajaban las caravanas de comerciantes vendiendo telas, especias y otros productos que traían de tierras lejanas.

El **NILO**, con más de 6600 km de longitud, fue la fuente de vida que dio origen a la civilización egipcia. Sus aguas proporcionaban abundante pesca y sus fértiles orillas permitían el cultivo de cereales, por lo que suponían un buen lugar donde asentarse.

Entre Zambia y Zimbabue se abre una brecha en la tierra por la que se despeñan las aguas del río Zambeze. Son las CATARATAS VICTORIA: un espectáculo natural de agua y nubes de pequeñas gotitas que los pobladores nativos llamaron Mosi-oa-Tunya, «el humo que truena».

DAVID LIVINGSTONE

El mítico explorador descubrió las cataratas Victoria (desconocidas en Europa) y les dio nombre.

La cumbre más alta del continente es la del monte KILIMANJARO, que se encuentra en Tanzania y está casi siempre cubierto de nieve. Su punto más alto se halla a casi 6000 m de altitud.

En África, la SABANA enseña la cara más salvaje del planeta.

# África física

**OCÉANO ATLÁNTICO**

**OCÉANO ÍNDICO**

Trópico de Cáncer

Madeira

Estrecho de Gibraltar

Islas Canarias

Cabo Blanco

Cabo Verde

Islas de Cabo Verde

Mar Mediterráneo

Cordillera del Atlas

**DESIERTO DEL SÁHARA**

Macizo de Ahaggar

SENEGAL

NIGER

NIGER

VOLTA

Lago Chad

Macizo de Tibesti

**DESIERTO DE LIBIA**

PENÍNSULA DEL SINAÍ

Mar Rojo

Golfo de Adén

Socotra

Cabo Guardafui

**MESETA ADAMAWA**

NILO

NILO

Macizo Etíope

**VALLE DEL RIFT**

Kilimanjaro 5895 m

Lago Victoria

Lago Tanganika

Lago Malawi

Zanzíbar

Islas Comoras

Islas Seychelles

Madagascar

Mauricio

Reunión

Canal de Mozambique

CONGO

CONGO

**REGIÓN DEL CONGO**

Montes Muchinga

ZAMBEZE

LIMPOPO

Montes Drakensberg

**DESIERTO DE KALAHARI**

DESIERTO DEL NAMIB

ORANGE

Cabo de las Agujas

Cabo de Buena Esperanza

Santo Tomé y Príncipe

Annobón

Golfo de Guinea

ECUADOR

Ascensión

Santa Elena

Trópico de Capricornio

Tristán de Acuña

Diego Álvarez

**CUENCA DEL NILO**

Península Arábiga

EGIPTO

SUDÁN

REP. CENTRO AFRICANA

REP. DEMOCRÁTICA DEL CONGO

Lago Nasser

NILO

Nilo Blanco

Nilo Azul

ERITREA

ETIOPÍA

SUDÁN DEL SUR

UGANDA

RUANDA

Lago Alberto

Lago Eduardo

Lago Kyoga

Lago Victoria

KENIA

TANZANIA

18

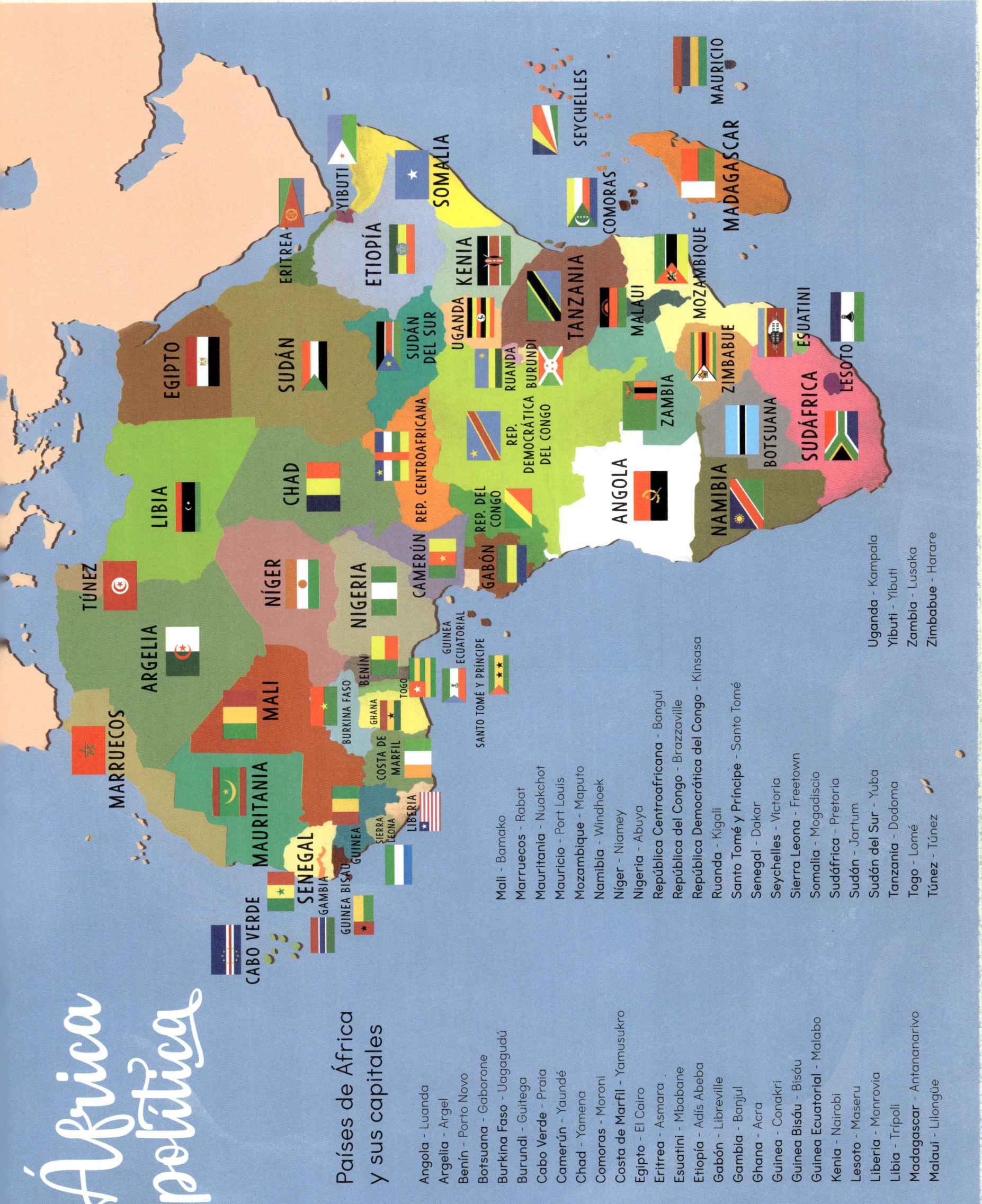

# África política

## Países de África y sus capitales

Angola – Luanda
Argelia – Argel
Benín – Porto Novo
Botsuana – Gaborone
Burkina Faso – Uagagudú
Burundi – Guitega
Cabo Verde – Praia
Camerún – Yaundé
Chad – Yamena
Comoras – Moroni
Costa de Marfil – Yamusukro
Egipto – El Cairo
Eritrea – Asmara
Esuatini – Mbabane
Etiopía – Adís Abeba
Gabón – Libreville
Gambia – Banjul
Ghana – Acra
Guinea – Conakri
Guinea Bisáu – Bisáu
Guinea Ecuatorial – Malabo
Kenia – Nairobi
Lesoto – Maseru
Liberia – Monrovia
Libia – Tripoli
Madagascar – Antananarivo
Malaui – Lilongüe

Mali – Bamako
Marruecos – Rabat
Mauritania – Nuakchot
Mauricio – Port Louis
Mozambique – Maputo
Namibia – Windhoek
Níger – Niamey
Nigeria – Abuya
República Centroafricana – Bangui
República del Congo – Brazzaville
República Democrática del Congo – Kinsasa
Ruanda – Kigali
Santo Tomé y Príncipe – Santo Tomé
Senegal – Dakar
Seychelles – Victoria
Sierra Leona – Freetown
Somalia – Mogadiscio
Sudáfrica – Pretoria
Sudán – Jartum
Sudán del Sur – Yuba
Tanzania – Dodoma
Togo – Lomé
Túnez – Túnez

Uganda – Kampala
Yibuti – Yibuti
Zambia – Lusaka
Zimbabue – Harare

Gorfas de Medenine

Madeira (Portugal)

Pan marroquí

Puerta Azul de la muralla de Fez

Tajín de barro

Argel

Dulces argelinos

Tatuajes de henna

Rabat

MARRUECOS

Babuchas*

Oasis de Taghit

Canarias (España)

ARGELIA

Chefchaouen (Marruecos)

Argán

Té moruno

Tuareg*

Desierto del Sáhara

Vendedor de agua

Mezquita de Chingueti

Sal

Macizo de Ahaggar

MAURITANIA

Espátula común

Mezquita de Agadez

Cavaquinho*

Pescador

Nuakchot

Mezquita saudí de Nuakchot

Pueblo dogón

CABO VERDE

Praia

Vestimenta de ceremonia dogón

Casa tradicional de Zinder

MALI

Perenquén gigante

Dakar

SENEGAL

Tortuga de espolones

Gran Mezquita de Djenné*

Niamey

Banjul

GAMBIA

Bamako

BURKINA FASO

Uagagudú

Círculos megalíticos de Senegambia (Gambia y Senegal)

Isla de Kunta Kinteh en el río Gambia

Festival Cure Salée (Níger)

Picos de Sindou

Cormorán grande

País Bassari (Senegal)

Océano Atlántico

Palacio Real de Tiébélé (Burkina Faso)

Hombori Tondo (Mali)

20

Túnez

Gran Mezquita de Kairuán*

**Mar Mediterráneo**

# Norte de África

TÚNEZ

Trípoli

Gas natural*

Leptis Magna

Petróleo*

Pirámides de Guiza*

El Cairo

Traje tradicional libio

Laúd árabe ud

Camello

**EGIPTO**

Diosa Bastet

Pinturas rupestres de Tadrart Acacus

Máscara de Tutankamón

**LIBIA**

Anj

Fortaleza de Buhen

Faluca en el Nilo

Jirafas de Dabous

Calabaza decorada

Dromedarios

Mezquita de Al-Nilin

Mar Rojo

Submarinismo

Lagos de Unianga

**NÍGER**

**CHAD**

Jebena negra

**SUDÁN**

Jartum

**ERITREA**

Asmara

Jirafa nubia

Pirámides nubias*

Burro

Yamena

Formaciones de arenisca en la meseta de Ennedi

Guepardo sudanés

Elefante africano

Gran Mezquita de Asmara (Eritrea)

Volcán Nabro

Curtiduría en Fez (Marruecos)

Gorro fez

Bazar egipcio

Sisha para fumar (Túnez)

# África central

Máscara nigeriana

Hipopótamo en el mar*

Pesca con red de tijera

Planta del cacao*

Cataratas Kongou (Gabón)

Mezquita Larabanga

Paisaje cultural de Sukur

Ave Senufo

Diosa Nimba

Parque Nacional del Monte Sangbé

Fetiche vudú*

Danza Bikutsi

GUINEA-BISÁU

Bisáu

Fetiche vudú*

NIGERIA

Figura de terracota de la cultura Nok

Conakri

GUINEA

Caracol gigante

COSTA DE MARFIL

GHANA

BENÍN

Abuya

Freetown

SIERRA LEONA

Yamusukro

TOGO

Porto Novo

Chimpancé

Monrovia

LIBERIA

Picabueyes piquigualdo

Acra

Lomé

Cocodrilo

CAMERÚN

Yaundé

REPÚBLICA CENTROAFRICAN

Traje toghu

Bangu

Danza Zaouli

Malabo

GUINEA ECUATORIAL

Martín pescador de Príncipe

Santo Tomé

SANTO TOMÉ Y PRÍNCIPE

Piton real

Mortero de mandioca

REP. DEL CONGO

Gran Mezquita de Porto Novo (Benín)

Libreville

GABÓN

Máscaras kwele

Casas-torre Batammariba

Annobón (Guinea Ecuatorial)

Brazzaville

Gorila occidental*

Kinsasa

Caña de azúcar

# Océano Atlántico

Palacios Reales de Abomey (Benín)

Kakum National Park (Ghana)

Hombre fulani nigeriano

Mezquita Salam Plateau (Costa de Marfil)

Catedral de Santa Isabel en Malabo (Guinea Ecuatorial)

Mujer fulani nigeriana

Kilimanjaro (Tanzania)

Tumbas de los reyes de Buganda en Kasubi (Uganda)

Planta de tabaco

Planta de té

Café

Choza rondavel (Uganda)

Bronces de Benín

Lago Tanganika (Burundi)

Formaciones del lago Abbe

Megalitos de Bouar (Rep. Centroafricana)

Planta de papiro*

Pueblo daasanach

Iglesias de San Jorge en Lalibela*

Estela de Ezana

Socotra (Yemen)

Golfo de Adén

YIBUTI ★ Yibuti

SOMALILANDIA

Pinturas rupestres de Laas Geel

Gacela Thomson

ETIOPÍA ★ Adís Abeba

Pueblo mursi

Oveja somalí

Leopardo africano

SUDÁN DEL SUR

★ Yuba

Grulla coronada cuelligrís

Lucy (Australopithecus afarensis)

León del Serengueti*

Escorpión

SOMALIA

Quemador de incienso dabqaad

Océano Índico

Cruz de Katanga

Bonobo

Impala

★ Mogadiscio

Gorila de montaña*

UGANDA ★ Kampala

KENIA

Nairobi

Ñu

Reserva Natural del Valle de Mai

Selva

Kigali ★

RUANDA

Guitega

BURUNDI

★ Dodoma

Yacimientos prehistóricos en la Garganta de Olduvai*

Pueblo masái (Kenia y Tanzania)

SEYCHELLES

Victoria

REP. DEMOCRÁTICA DEL CONGO

Tambor kayenda

TANZANIA

Especias

Zanzíbar

Coco de mar

Atolón de Aldabra

Tribu pende

Tanzanita

Cebra

Mural Imigongo de caca de vaca (Ruanda)

Tribu hamer (Etiopía)

Vendedora de fruta (Ruanda)

Palacio del Rey (Ruanda)

Mar Rojo

* Descúbrelos en la página 26

23

Playa cementerio de barcos

Luanda

Petróleo

Termitero*

Tribu waYao

Danza ritual Gule Wamkulu del pueblo chewa

Cataratas de Kalandula

ZAMBIA

MALAU

ANGOLA

Mujer de la tribu hakaona

Parque Nacional Blue Lagoon

Lilongü

Máscara chokwe

Mujer de la tribu herero

Cataratas Victoria

Lusaka

Monumento a David Livingstone

Figura de madera makonde

Harare

Secretario

Salar de Sossusvlei (desierto del Namib)

Delta del Okavango*

ZIMBABUE

Rocas Equilibradas (Parque Nacional de Matobo)

Suricata

BOTSUANA

Marabú africano

NAMIBIA

Windhoek

Carraca lila

Hombre bosquimano

Marimba

Arte rupestre de Twyfelfontein 534

Elefante africano

Gaborone

Cráneo de la «Señora Ples»

Maputo

Muñeca herero

Pretoria

Mbabane

ESUATINI

Grulla del paraíso

Casa de tribus ndebele

Maseru

Sombrero makorotlo

Protea rey

SUDÁFRICA

LESOTO

Mujer himba (Namibia)

Buitre orejudo

Océano Atlántico

Faro de Green Point

Palacio Consistorial de Ciudad del Cabo

Foca leopardo

Besugo negro

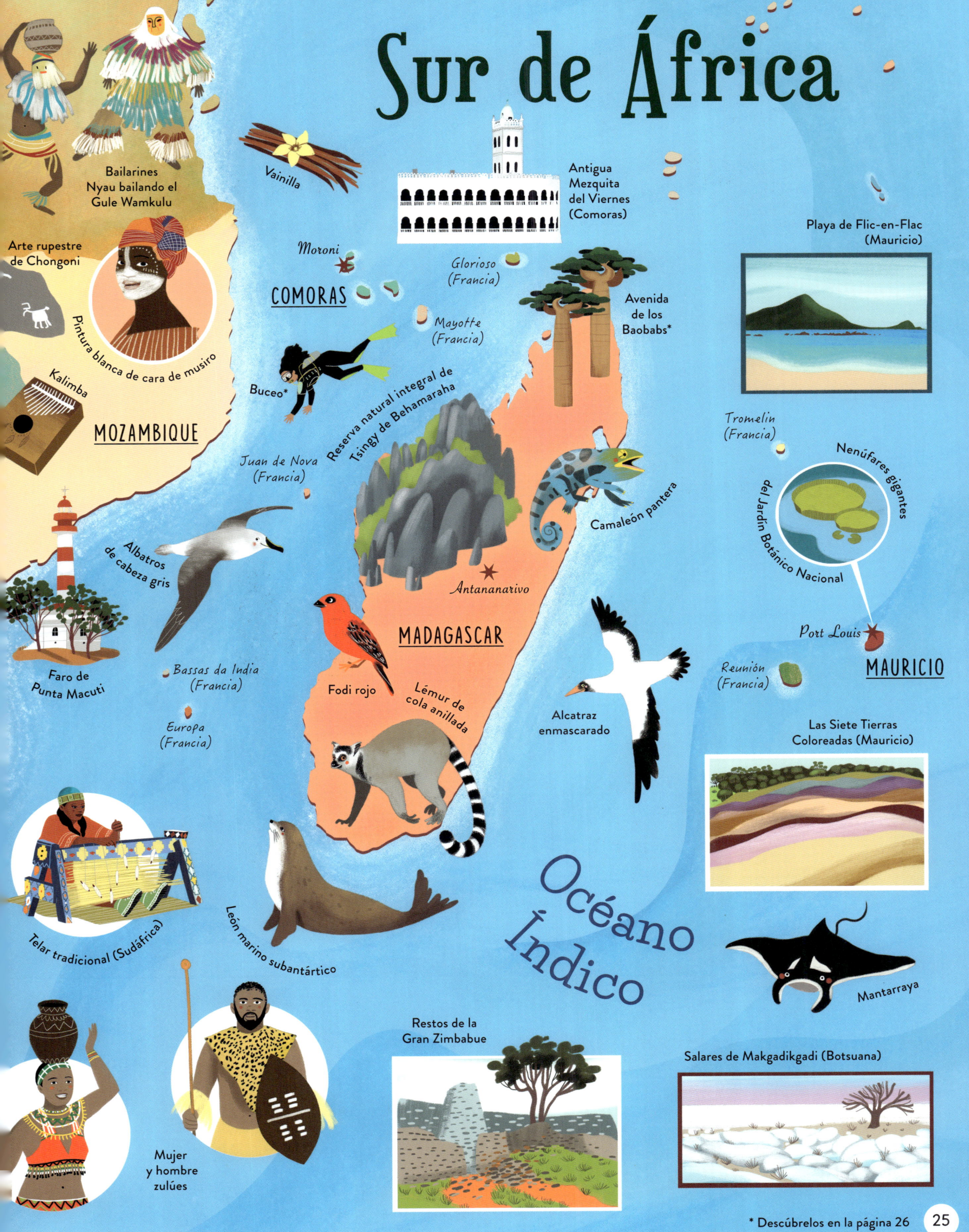

# Sur de África

Bailarines Nyau bailando el Gule Wamkulu

Vainilla

Antigua Mezquita del Viernes (Comoras)

Playa de Flic-en-Flac (Mauricio)

Arte rupestre de Chongoni

Pintura blanca de cara de musiro

Moroni

Glorioso (Francia)

Avenida de los Baobabs*

COMORAS

Mayotte (Francia)

Kalimba

Buceo*

MOZAMBIQUE

Reserva natural integral de Tsingy de Behamaraha

Camaleón pantera

Tromelín (Francia)

Nenúfares gigantes

del Jardín Botánico Nacional

Juan de Nova (Francia)

Albatros de cabeza gris

Port Louis

Antananarivo

Reunión (Francia)

MAURICIO

Faro de Punta Macuti

MADAGASCAR

Bassas da India (Francia)

Fodi rojo

Lémur de cola anillada

Alcatraz enmascarado

Las Siete Tierras Coloreadas (Mauricio)

Europa (Francia)

Telar tradicional (Sudáfrica)

León marino subantártico

Océano Índico

Mantarraya

Mujer y hombre zulúes

Restos de la Gran Zimbabue

Salares de Makgadikgadi (Botsuana)

* Descúbrelos en la página 26

# África

## Babuchas

¿Tienes prisa? ¡Cálzate las babuchas! Están abiertas por el talón y son intercambiables entre el pie derecho y el izquierdo, así que solo tienes que preocuparte por meter el pie a tiempo. Estas zapatillas de origen árabe se utilizan mucho en el norte de África.

Keops  Kefrén  Micerino

## Pirámides de Guiza

La pirámide de Keops es la única de las Siete Maravillas del Mundo Antiguo que ha llegado a nuestros días. Parece increíble, pero fue construida hace alrededor de 4500 años. Junto con las pirámides de Kefrén y Micerino, es un popular símbolo de la extraordinaria civilización egipcia.

## Cacao

Con las semillas del cacaotero se hace el chocolate. Esta planta procede de América, pero los portugueses y los españoles la llevaron a África y se adaptó perfectamente bien en las regiones tropicales húmedas y calurosas. Costa de Marfil es hoy uno de los mayores productores mundiales de cacao.

## Pirámides nubias

¡No solo en Egipto hay pirámides! Al sur de este país, extendiéndose por Sudán, se asentaron los cusitas (pertenecientes a la civilización nubia), quienes construyeron estas pirámides hacia la misma época en que los egipcios levantaron las suyas. Altas y estrechas, estas son más pequeñas, pero mucho más numerosas.

Gorila occidental

Gorila de montaña

## Gorila

Busca inmediatamente fotos y vídeos de un gorila. Obsérvalo. ¿Cómo se mueve? ¿Qué gestos hace? ¿Te recuerda a alguien? Este maravilloso animal, tan cercano a los humanos, solo se encuentra en África, y está en peligro de extinción.

## Gran Mezquita de Kairuán

En el siglo VII, la religión musulmana comenzó a extenderse y poco a poco fueron surgiendo mezquitas por el norte de África. Esta mezquita de Túnez es actualmente la más antigua del Magreb (es decir, del occidente musulmán).

## Tuareg

Los tuareg (los «hombres del velo», que llevan turbante y se tapan la cara) son un pueblo de pastores tradicionalmente nómadas del norte de África. Antiguamente, conducían las caravanas de camellos a través de las rutas comerciales del Sáhara y el Sahel, y dormían en tiendas que debían montar y desmontar cada día.

## Garganta de Olduvai

La Garganta de Olduvai, que se encuentra en Tanzania, en el Valle del Rift, se ha llamado «la cuna de la humanidad» porque allí se han hallado numerosos restos fósiles de los primeros homínidos, nuestros antepasados.

## Gran Mezquita de Djenné

Es toda de barro, ¡pero no se cae! Está construida en la ciudad de Djenné, la que fuera en el pasado una próspera urbe que, al igual que la famosa Tombuctú, atrajo a millares de comerciantes y a sabios de todo el mundo islámico.

## Hipopótamo en el mar

«¡Puaj, qué asco, agua salada!», pensarían la mayoría de los hipopótamos, que prefieren las dulces aguas de ríos y lagos. Sin embargo, en la isla de Orango, los hipopótamos se bañan en el mar. Guinea-Bisáu no es el único país donde se les ha visto hacerlo... ¡y parecen muy felices!

## Fetiches vudú

El vudú es una religión. En África, los verdaderos fieles del vudú no practican la brujería ni la magia negra, como muchos piensan. Los objetos mágicos que utilizan en los rituales son llamados «fetiches» y sirven para comunicarse con los dioses.

## Termitero

Las termitas, esas voraces comedoras de madera, pueden vivir en un árbol o construir su nido bajo tierra. Algunas levantan impresionantes montículos de arcilla que se elevan varios metros sobre el suelo: son enormes conductos de ventilación que ayudan al termitero a regular la temperatura.

## Baobabs de Madagascar

Este tipo de baobab que ves en la imagen, de tronco alto y liso y copa achatada, solo se puede encontrar en la isla de Madagascar, pues los baobabs continentales tienen un aspecto muy distinto. Los baobabs de Madagascar son endémicos (es decir, que solo se encuentran allí), al igual que muchas otras especies de plantas y animales de la isla.

## Iglesias de Lalibela

En la región de Lalibela, al norte de Etiopía, se construyeron entre los siglos XII y XIII varias iglesias muy particulares: si normalmente los edificios se yerguen hacia arriba, estas iglesias fueron construidas hacia abajo, excavadas en la roca del suelo.

## Planta de papiro

En el Sudd, un área pantanosa en Sudán del Sur, se encuentra una de las mayores extensiones de papiro. Con esta planta, que crece a lo largo de la cuenca del Nilo, los antiguos egipcios fabricaban papel.

## Delta del Okavango

El delta de un río se crea al desembocar en el mar. Es ahí cuando disminuye la fuerza de la corriente y los sedimentos que arrastra el agua se van acumulando, formando un terreno encharcado que se abre en forma de abanico. Pero el Okavango es diferente: ¡este río no desemboca en el mar! Simplemente se abre y las aguas se dispersan inundando una planicie que acaba fundiéndose en el desierto del Kalahari.

## Buceo

Si eres un aficionado al buceo, entre Mozambique y las islas Comoras hallarás fantásticos lugares donde alucinar con la vida submarina. Los arrecifes de coral albergan multitud de especies, y podrás ver animales como tortugas o mantas gigantes.

## Cavaquinho

Si vas a Cabo Verde, te darás cuenta de que la música tiene allí un puesto privilegiado. Te resultará fácil encontrar un lugar donde escuchar música en directo, y probablemente veas algún músico tocar este instrumento: es como una guitarrita, pero con cuatro cuerdas.

## León del Serengueti

El Serengueti es un extenso parque nacional de Tanzania que se extiende hasta Kenia. Millones de animales salvajes habitan en esta sabana, no solo leones: elefantes, ñues, hienas, jirafas, hipopótamos, leopardos, rinocerontes... y muchos de ellos realizan la Gran Migración al norte, un duro viaje en busca de agua y comida.

## Petróleo y gas natural

Las reservas de petróleo de Libia son las mayores de toda África. Este país también posee gas natural, y exporta ambos productos, que se utilizan para generar energía.

# AMÉRICA

América se extiende a lo largo de los dos hemisferios. Forma una masa de tierra que, debido a su gran tamaño, posee climas y ecosistemas muy diferentes. Desde los gélidos casquetes glaciales de Groenlandia al norte o las regiones inhóspitas de la Patagonia al sur, hasta las calientes selvas tropicales del centro y el Caribe, el continente alberga una enorme diversidad de vida y paisajes.

A lo largo de la franja oeste del continente, como una espina dorsal, destacan dos largas cordilleras: en el norte, las Montañas Rocosas, y, en el sur, los Andes.

La CORDILLERA DE LOS ANDES es la más larga del mundo. En ella se asentaron muchos pueblos, pero los más conocidos son los incas, pues crearon un vasto imperio. Su capital se encontraba en Cuzco (o Cusco), en Perú. Para mantener unido el imperio crearon una extensa red de caminos de miles de kilómetros.

El interior del continente americano se caracteriza por la extensión de grandes planicies. En Norteamérica, el territorio de las GRANDES LLANURAS fue el hogar de numerosas tribus, como los siux, los cheyenes, los comanches o los arapajoes, indios nativos que cabalgaban libremente por las praderas antes de que los descendientes de los europeos iniciaran la llamada «conquista» del Oeste.

Los pueblos nativos caribes vivían en la región que lleva su nombre antes de que los españoles llegaran allí tras el viaje de Colón. Cultivaban plantas como la patata o el maíz y pescaban en las aguas del **MAR CARIBE** y de los ríos que desembocan en él.

Los españoles ya descubrieron que las playas caribeñas son un verdadero paraíso.

El **AMAZONAS** es el río más caudaloso. Recibe las aguas de múltiples afluentes y por eso su cuenca (el conjunto de todos los ríos que vierten las aguas a su cauce) es enorme.

Por todo este espacio se extiende la **SELVA AMAZÓNICA**, el más grande de los bosques tropicales. Su densa y exuberante vegetación acoge una fauna tan diversa como extravagante (y, en gran parte, desconocida), y muchas comunidades indígenas viven de los recursos que proporciona.

29

# América física

**OCÉANO ÁRTICO**

Estrecho de Bering

Cordillera de Alaska

YUKÓN

Golfo de Alaska

MACKENZIE

COLUMBIA

Montañas rocosas

GRANDES LLANURAS NORTEAMERICANAS

Grandes Lagos Norteamericanos

MISISIPI

MISURI

Montes Apalaches

SAN LORENZO

PENÍNSULA DE LABRADOR

Estrecho de Davis

CÍRCULO POLAR ÁRTICO

Golfo de San Lorenzo

**OCÉANO ATLÁNTICO**

DESIERTO DE SONORA

Sierra Madre

BRAVO

PENÍNSULA DE CALIFORNIA

PENÍNSULA DE FLORIDA

Golfo de México

Mar de los Sargazos

Trópico de Cáncer

Cabo Corrientes

ALTIPLANO MEXICANO

PENÍNSULA DE YUKATÁN

**Mar Caribe**

**OCÉANO PACÍFICO**

CANAL DE PANAMÁ

Golfo de Panamá

ORINOCO

Macizo de la Guayana

NEGRO

AMAZONAS

CUENCA DEL AMAZONAS

ECUADOR

MADEIRA

MESETA DEL MATO GROSSO

Cabo de San Roque

TOCANTINS

SAN FRANCISCO

Cordillera de los Andes

Titicaca

DESIERTO DE ATACAMA

PARANÁ

PARAGUAY

URUGUAY

Trópico de Capricornio

Aconcagua 6961 m

PAMPA

RÍO DE LA PLATA

PATAGONIA

Estrecho de Magallanes

Cabo de Hornos

## CUENCA DEL AMAZONAS

Caracas

VENEZUELA

Bogotá

COLOMBIA

ORINOCO

Georgetown

GUYANA

Boa Vista

Branco

Negro

Macapá

Pará

Belém

Quito

ECUADOR

Caquetá

Iça

Japurá

Putumayo

Napo

Tigre

AMAZONAS

Santarém

Manaus

Juruá

Marañón

Iquitos

Ucayali

Purus

Madeira

Tapajós

Xingu

Pastaza

Huallaga

Pucallpa

Tambo

Lima

PERÚ

La Paz

Cochabamba

Santa Cruz

BOLIVIA

Río Branco

Porto Velho

Acre

Madre de Dios

Guaporé

Mamoré

Cusco

San Francisco

BRASIL

Brasília

Tocantins

Araguaia

GROENLANDIA
(DINAMARCA)

CANADÁ

ESTADOS UNIDOS

PUERTO RICO (EE.UU.)

ANTIGUA Y BARBUDA

DOMINICA

SAN CRISTÓBAL Y NIEVES

SANTA LUCÍA

SAN VICENTE Y GRANADINAS

GRANADA

BARBADOS

TRINIDAD Y TOBAGO

MÉXICO

BELICE

CUBA

BAHAMAS

GUATEMALA

HONDURAS

JAMAICA

HAITÍ

REP. DOMINICANA

EL SALVADOR

NICARAGUA

COSTA RICA

PANAMÁ

VENEZUELA

GUYANA

COLOMBIA

SURINAM

ECUADOR

PERÚ

BRASIL

BOLIVIA

PARAGUAY

ARGENTINA

URUGUAY

CHILE

## Países de América y sus capitales

Antigua y Barbuda - Saint John's
Argentina - Buenos Aires
Bahamas - Nasáu
Barbados - Bridgetown
Belice - Belmopán
Bolivia - La Paz
Brasil - Brasilia
Canadá - Ottawa
Chile - Santiago de Chile
Colombia - Bogotá
Costa Rica - San José
Cuba - La Habana
Dominica - Roseau
Ecuador - Quito
El Salvador - San Salvador
Estados Unidos - Washington D.C.
Granada - Saint George
Guatemala - Ciudad de Guatemala
Guyana - Georgetown
Haití - Puerto Príncipe

Honduras - Tegucigalpa
Jamaica - Kingston
México - Ciudad de México
Nicaragua - Managua
Panamá - Ciudad de Panamá
Paraguay - Asunción
Perú - Lima
Puerto Rico (EE.UU.) - San Juan
República Dominicana
  - Santo Domingo
San Cristóbal y Nieves - Besseterre
San Vicente y las Granadinas
  - Kingstown
Santa Lucía - Castries
Surinam - Paramaribo
Trinidad y Tobago - Puerto España
Uruguay - Montevideo
Venezuela - Caracas

América política

América del Norte

Aguas termales de Uunartoq (Groenlandia)

Fiordo helado de Ilulisat (Groenlandia)

Ballena azul

Arce rojo americano (Canadá)

Bogavante

Perro Terranova

Newfoundland

San Pedro y Miquelón (Francia)

Cataratas del Niágara

Lago Louise (Canadá)

Acadianos

Faro de La Marítima

Estatua de la Libertad*

Alce

Ottawa

Hotel Château Frontenac

CN Tower

Tartaleta de mantequilla

Festival del Globo de Saint-Jean-sur-Richelieu

Béisbol

Arte en piedra de Qaqortoq (Groenlandia)

Inuit*

Oso polar

Tugtupita

Casas de Qaqortoq

Groenlandia (Dinamarca)

Foca de Groenlandia

Caribú

Barnacla canadiense

Baffin

Kayak

Indios algonquinos*

Hockey sobre hielo

Fútbol americano

Bisonte*

Tótem

CANADÁ

ROUTE 66

Policía Montada de Canadá

Trineo de perros

Moto de nieve

Victoria

Banks

Albertosaurus

Castor

Curling

Sirope de arce

Science World

Vaquero

Centollo de Alaska

Petróleo y gas natural

Oso grizzly

Esquí deportivo

Barra de Nanaimo

Aguja Espacial

Lobo

Buscador de oro

Pesca del salmón

Vino

Frailecillo atlántico

Coyote

Alaska (EE.UU.)

Monte Logan (Canadá)

Puente colgante de Capilano (Canadá)

Islandia

32

Danza Gombey

Islas Bermudas
(Reino Unido)

Triángulo de las Bermudas

Centro Espacial
John F. Kennedy
en el cabo Cañaveral*

Playas

Puente de
Brooklyn

*Washington D.C.*

Pirata*

Casa Blanca

Carta de
Derechos

Baloncesto

Cocodrilo

Jazz

Mafia

Diligencia

Barco de
vapor

Rodeo

Monte Rushmore

Tornado

Cereal

Maíz

Misión de
El Álamo

Mariachi

Escorpión

Riviera
Maya

Dalia

Piedra del Sol
(calendario azteca)

Chichén Itzá

Ciudad de
México

MÉXICO

Sombrero
mexicano

Día de
Muertos

Taco

Serpiente
de cascabel

Banyo

ESTADOS UNIDOS

Cactus

HOLLYWOOD

Nacional de los Arcos

Parque Nacional
de las Secuoias

Ágave

Gran Cañón
del Colorado
(EE.UU.)

Tequila

Archipiélago de
Revillagigedo (México)

Mar Caribe

Templo de las Inscripciones
en Palenque (México)

Civilización maya*

Pirámide del Sol
en Teotihuacan (México)

Civilización olmeca

Mariposa monarca*

Catedral de la
Asunción de la
Virgen María
(México)

Caballito barrigudo

Pez león

Océano Pacífico

The Golden Gate
(EE.UU.)

Surf

Prisión de Alcatraz (EE.UU.)

Monument Valley (EE.UU.)

ENTERING
ÁREA
51

Área 51 (EE.UU.)

# América central y Caribe

Libro maya Popol Vuh (Guatemala)

Máscaras tradicionales guatemaltecas

Quetzal*

Bata cubana

Puro

Mambo*

La Habana

BAHAMAS

Nasáu

Cerdo (en el mar)

Ron

CUBA

Coche almendrón

Templo del Gran Jaguar en Tikal

Tucán piquiverde

Gran Agujero Azul (Belice)

Manatí del Caribe

Islas Caimán (Reino Unido)

Rastafari

JAMAICA

Kingston

Rana de ojos rojos

BELICE

Belmopán

Submarinismo

Mina de oro

Buceo

Colibrí portacintas piquirrojo

Estela maya

Baile de los Diablitos

Jaguar

Ruinas de Copán

Cayos Perlas

Mar

C. de Guatemala

Ceiba

GUATEMALA

San Salvador

HONDURAS

Tegucigalpa

NICARAGUA

Guardabarranco

Momoto gorgiazul

EL SALVADOR

El Salvador del Mundo

Catedral de León

Managua

Cerámica precolombina

Arrecife de coral

F&F Tower

Canal de Panamá*

Planta de cacao (Guatemala)

Océano Pacífico

Mono ardilla

COSTA RICA

San José

Colibrí orejiazul

Tapiz mola (Panamá)

Planta de yuca (El Salvador)

Carreta de bueyes (Costa Rica)

Rana flecha verde

Orquídea negra (Costa Rica)

PANAMÁ

Ciudad de Panamá

Pueblo guna

Faro del Cayo Elbow

34

Barco del Holandés Errante

Ciudadela Laferrière (Haití)

Castillo de San Pedro de la Roca (Cuba)

Océano Atlántico

Playas

Ingenio azucarero (Rep. Dominicana)*

Guanábana

Barco pirata

Islas Turcas y Caicos (Reino Unido)

Azúcar (República Dominicana)

Máscara de vejigante (Puerto Rico)

Barón Samedí

Cotorra Puertorriqueña

Pirata

Marché en Fer

REP. DOMINICANA

Caimán de anteojos

Alcázar de Colón

San Juan

Islas Vírgenes (Reino Unido, EE.UU. y Puerto Rico)

Anguila (Reino Unido)
San Martín (Francia y Países Bajos)
San Bartolomé (Francia)

HAITÍ

Puerto Príncipe

Santo Domingo

PUERTO RICO (EE.UU.)

Basseterre

ANTIGUA Y BARBUDA

Saint John's

Bohío de la cultura taína (Haití)

SAN CRISTÓBAL Y NIEVES

Montserrat (Reino Unido)

Guadalupe (Francia)

Fortaleza Ozama (Rep. Dominicana)

Sol de Jayuya (petroglifo taíno) (Puerto Rico)

DOMINICA

Roseau

Martinica (Francia)

Piña colada

Caribe

Castries

SANTA LUCÍA

Barco de recreo

BARBADOS

Kingstown

Bridgetown

Aruba (Países Bajos)

Casas holandesas de Curazao

SAN VICENTE Y LAS GRANADINAS

Bonaire (Países Bajos)

GRANADA

Saint George

Curazao (Países Bajos)

TRINIDAD Y TOBAGO

Puerto España

Kak ik (Guatemala)

Baleada (Honduras)

Hojaldra panameña (Panamá)

Pupusa (El Salvador)

Gallo pinto (Costa Rica y Nicaragua)

Sancocho (Rep. Dominicana)

* Descúbrelos en la página 38

35

# América del Sur

Bosque Iwokrama

Palacio Presidencial de Surinam

Delfín rosado (río Amazonas)

Fútbol

Capoeira

Carnaval

Soja

Feijoada

Diamante

Congreso Nacional de Brasil

Brasília

BRASIL

Los Dos Guerreros (Os Candangos)

Mono ardilla

Tortuga laúd

Guyana Francesa (Francia)

Perezoso bayo

Indio karajá

Guaraní

Georgetown

Paramaribo

SURINAM

Rana flecha azul

GUYANA

Turpial guajiro

Salto Ángel

Guacamayo escarlata

Anaconda

Nativa de la Amazonia

Coxinhas

Chola boliviana

Boa constrictor

BOLIVIA

Caracas

Mono capuchino

Puerta del Sol de Tiahuanaco

La Paz

Armadillo

VENEZUELA

COLOMBIA

Jaguar

Sapo de Surinam

Alpaca

Machu Picchu*

Petróleo

Catedral de Bogotá

Bogotá

Sombrero vueltiao

Cafeto*

PERÚ

Lima

Palma de cera del Quindío

Banano

Puma

Llama

Cóndor

Quito

ECUADOR

Malpelo (Colombia)

Volcán Chimborazo

Santuario de Nuestra Señora del Rosario de las Lajas (Colombia)

Peñón de Guatapé

Monumento Mitad del Mundo

Tortuga gigante*

Iguana marina

Islas Galápagos (Ecuador)

Río Caño Cristales (Colombia)

Piraña

Catarátas del Iguazú*

Cristo Redentor

Samba

Saltos del Monday (Paraguay)

El Ojo (delta del río Paraná, Argentina)

Georgia y Sandwich del Sur (Reino Unido / Argentina)

Mano de Punta del Este

Ballena Franca austral

Océano Atlántico

Surf

Glaciar Perito Moreno

Islas Malvinas (Reino Unido / Argentina)

PARAGUAY

Jaribú

Asunción

Gaucho*

URUGUAY

Montevideo

Buenos Aires

Pingüino de Magallanes

Faro Les Éclaireurs (Argentina)

Carpincho

Vaca

Barrio de La Boca

cola corta

CHILE

Cerveza artesanal

Fútbol

ARGENTINA

Santiago de Chile

Tango

Mate

Guanaco

Ballena jorobada

Parque Nacional de Talampaya

San Félix (Chile)

San Ambrosio (Chile)

Observatorio Astronómico de La Silla*

Palafitos

Archipiélago de Juan Fernández (Chile)

Océano Pacífico

Parque Arqueológico de San Agustín (Colombia)

Basílica del Voto Nacional (Ecuador)

Cuchillo tumi (Perú)

Salar de Uyuni (Bolivia)

Araucaria pewen (Chile)

* Descúbrelos en la página 38

37

# América

## Inuits

En las solitarias regiones árticas de América, donde el frío se cuela hasta los huesos y el suelo es con frecuencia una llanura helada, hace siglos que habitan los inuits (también llamados esquimales), que se han adaptado perfectamente a vivir bajo tan duras condiciones.

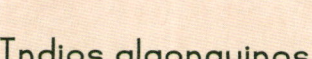

## Bisonte americano

En las extensas llanuras de América del Norte solían pastar manadas de bisontes, pero su caza indiscriminada casi acabó con ellos para siempre. Hoy, la mayor población de bisontes se encuentra en Canadá, aunque este mítico animal ha vuelto a introducirse en México y Estados Unidos, donde había desaparecido.

## Indios algonquinos

Para honrar a los espíritus familiares, algunos pueblos nativos americanos tallan en un poste de madera imágenes de plantas y animales que representan a la familia. Los indígenas algonquinos del este de Canadá fueron los que le dieron a este objeto el nombre de «tótem».

## Centro Espacial John F. Kennedy

En el cabo Cañaveral, en Florida, reside la base de lanzamiento de misiles norteamericana desde la que han despegado cohetes como los que protagonizaron las misiones Apolo, destinadas a llevar al hombre a la Luna.

## Parque Yellowstone

Al atardecer, un oso grizzly se acerca al río para pescar un salmón... Está en el Parque Nacional de Yellowstone, un parque enorme que posee, además de ríos, lagos y paisajes increíbles de montaña, géiseres y un supervolcán.

## Quetzal

Este colorido pájaro habita en las regiones tropicales de América. Es el ave nacional de Guatemala, y en el pasado fue muy apreciado por sus vistosas plumas iridiscentes, que brillan y reflejan la luz. Para los mayas y los aztecas era un ave sagrada.

## Mariposa monarca

Esta mariposa de inconfundible vestimenta lleva a cabo una de las mayores proezas animales: para pasar el invierno en México y reproducirse allí, realiza desde Estados Unidos un viaje de casi 5000 kilómetros, una increíble migración que se repite cada año.

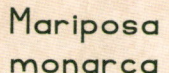

## Estatua de la Libertad

Es muy grande, representa a una mujer y sujeta en la mano derecha una antorcha. Se encuentra en Nueva York y es una de las estatuas más famosas del mundo. ¿Cuál es? ¡La Estatua de la Libertad! El icono por excelencia de Estados Unidos fue un regalo que Francia hizo a esta nación en 1886.

## Civilización maya

La civilización maya fue una de las más importantes de América. En la península del Yucatán y un poco más al sur encontramos impresionantes restos de sus asentamientos: Chichén Itzá, Palenque, Copal, Tikal... Sus magníficas pirámides escalonadas te dejarán con la boca abierta.

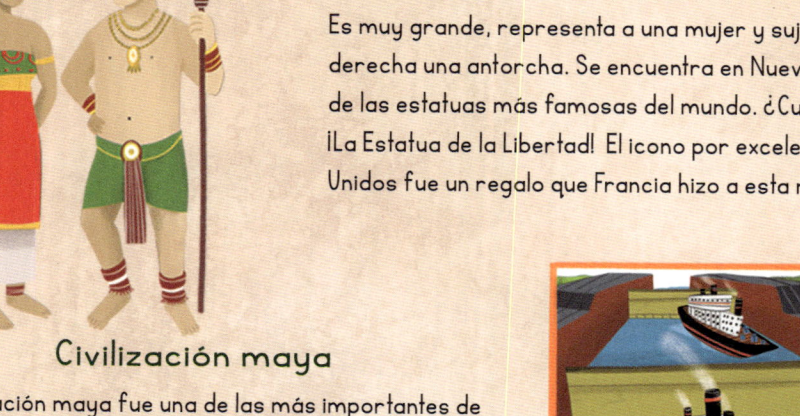

## Canal de Panamá

Antes de que se inaugurase el canal de Panamá en 1914, los barcos que querían pasar del océano Atlántico al Pacífico o viceversa debían navegar hasta el extremo sur del continente y bordear el cabo de Hornos; un trayecto que, además de ser larguísimo, era sumamente peligroso.

## Piratas

En los siglos XVI y XVII, las numerosas islas del mar Caribe servían de refugio a los piratas. Intentaban asaltar los barcos españoles cargados de oro y plata que se dirigían de América a Europa, pero, como no siempre lo conseguían, se resarcían sembrando el terror en los puertos y ciudades costeras.

### ¡Mambo!

Cuba posee una enorme cultura musical, en parte originada por la conexión entre la música española y los ritmos africanos. Muchos de sus géneros musicales son famosos en el mundo entero: mambo, salsa, rumba, son, cha-cha-cha... ¿Te suenan?

## Ingenio azucarero

El cultivo de caña de azúcar fue muy importante en América. De la caña se obtienen diferentes productos además del propio azúcar (como, por ejemplo, el ron), y las haciendas que se dedicaban a su elaboración —grandes parcelas con varios edificios— se llamaban «ingenios».

## Machu Picchu

Se levanta la niebla en los Andes peruanos y poco a poco, a más de 2400 metros de altitud, rodeadas de fastuosas cumbres de montaña, se muestran las impresionantes ruinas de la antigua ciudad llamada por los incas «Machu Picchu», es decir, «Montaña Vieja» en la lengua quechua.

## Cafeto

El café se bebe a lo largo y ancho del planeta, y también se cultiva en todo el mundo, aunque algunos cafés gozan de mejor fama que otros. El mejor grano se obtiene en las regiones tropicales, donde las temperaturas y la humedad son ideales.

## Tortuga gigante de las Galápagos

Un galápago es una tortuga. En las islas Galápagos habitan las tortugas más longevas (es decir, las que más tiempo viven), ya que pueden sobrepasar los 100 años. Son muy grandes y tienen que comer mucho, pero, aunque tardan bastante en hacer la digestión, ¡ellas no perdonan el baño!

## Cataratas del Iguazú

Entre los países de Brasil y Argentina, un gran desnivel en el lecho del río Iguazú creó este espectáculo de la naturaleza. Por el enorme barranco se despeñan más de un millón de litros de agua por segundo, pero las fuertes lluvias pueden aumentar mucho esta cantidad. ¡Cuesta imaginarlo!

## Gaucho

No solo hay vaqueros en Estados Unidos: ¡vaqueros son todos los pastores de vacas! Como el vaquero del oeste, el gaucho es un hombre diestro a caballo, que sabe mantener a raya a las reses y conduce el rebaño durante meses en busca de mejores pastos por las llanuras, en este caso de Argentina, Uruguay y Paraguay, fundamentalmente.

## Observatorio astronómico de La Silla

Un observatorio es un lugar desde donde se puede estudiar el universo. Cuenta con instrumentos muy potentes (como los telescopios), que permiten observar objetos muy lejanos. Suelen construirse en lugares apartados y sin contaminación. El observatorio de La Silla, por ejemplo, está en el desierto de Atacama.

# LOS POLOS

El círculo polar ártico y el antártico son dos paralelos terrestres que delimitan las regiones polares. Los polos son las zonas más gélidas del planeta; sin embargo, a pesar del frío y de los blancos paisajes helados, no son tan iguales como parece: en el Polo Norte solo hay agua congelada (una enorme banquisa o balsa de hielo), pero en el Polo Sur hay un continente: la Antártida.

Como son regiones tan inhóspitas, hemos tardado mucho en conocerlas bien. Actualmente son accesibles porque contamos con una tecnología que nos permite explorarlas (barcos rompehielos, motos de nieve, drones... o incluso tenemos ropa técnica).

En el pasado, los exploradores solo contaban con trineos tirados por perros, abrigos de piel de foca y sus propias fuerzas. Hasta el siglo XIX, nadie había pisado nunca los puntos geográficos polo norte y polo sur.

La ANTÁRTIDA es un continente mucho más grande de lo que pensarías;
¡mayor que Europa! Pero su superficie está casi toda cubierta de hielo, así que
no resulta una tierra muy atractiva para asentarse. De hecho, se puede decir que
es un CONTINENTE DESHABITADO, ya que nadie vive en él de forma
permanente, pues sería muy duro pasar allí todo el año.

Sin embargo, en este lugar se llevan a cabo INVESTIGACIONES
CIENTÍFICAS para estudiar la Tierra y los océanos, por lo que sí hay
personas (científicos, técnicos, proveedores de suministros...) que pasan
temporadas en las estaciones de investigación. Pero, al llegar el crudo
invierno... ¡adiós! Hasta los animales se van. Tan solo se quedan allí unas
pocas especies de aves y de pingüinos.

En el Polo Norte tampoco vive nadie, pero sí
en el interior del círculo polar. Si observas el
mapa de la página 43, verás que hay tierras
de América, Europa y Asia que se adentran
en las regiones del ÁRTICO,
aunque algunas áreas están
siempre cubiertas de
hielo y nieve.

En estos lugares, los pueblos esquimales INUIT y YUPIK han sabido combatir el frío construyendo
IGLÚS. Sí: están hechos de nieve, pero son casas bien calentitas, porque aíslan muy bien del frío
exterior. ¡Y algunos iglús son tan grandes que caben incluso muebles en su interior!

# Antártida

OCÉANO ATLÁNTICO

ÁFRICA

OCÉANO ÍNDICO

CÍRCULO POLAR ANTÁRTICO

Mar de Scotia

Pasaje de Drake

AMÉRICA

BARRERA FIMBUL

TIERRA DE LA REINA MAUD

TIERRA DE ENDERBY

Mar de Weddell

TIERRA DE PALMER

BARRERA FILCHNER-RONNE

BARRERA AMERY

Mar de Bellingshausen

Macizo Vinson

Mar de Davis

TIERRA DE ELLSWORTH

Polo sur

BARRERA SHACKLETON

Cordillera Transantártica

TIERRA DE MARIE BYRD

TIERRA DE WILKES

Mar de Amundsen

BARRERA ROSS

Mar de Ross

TIERRA VICTORIA

Mar de Urville

OCÉANO PACÍFICO

CÍRCULO POLAR ANTÁRTICO

AUSTRALIA

# Ártico

OCÉANO PACÍFICO

Mar de Bering

Estrecho de Bering

Mar de Chukotka

ISLA DE WRANGLE

OCÉANO ÁRTICO

Mar Siberiano del Este

CÍRCULO POLAR ÁRTICO

Mar de Beaufort

ISLAS NUEVA SIBERIA

AMÉRICA

ASIA

Mar de Laptev

ISLA VICTORIA

ISLAS DE LA REINA ISABEL

Polo norte

TIERRA DEL NORTE

ISLA DE ELLESMERE

TIERRA DE FRANCISCO JOSÉ

Mar de Kara

ISLA DE BAFFIN

Bahía de Baffin

SVALBARD

GROENLANDIA

Mar de Groenlandia

Mar de Barents

Estrecho de Davis

Estrecho de Dinamarca

Mar de Noruega

EUROPA

OCÉANO ATLÁNTICO

# ASIA

Asia, el continente más extenso y poblado, es también el más espiritual y transcendental. Aquí nacieron las primeras civilizaciones conocidas, y por ello no es extraño que también sea el lugar de origen de muchas religiones, ni tampoco que haya conexiones entre ellas.

En Asia se encuentran LUGARES DE PEREGRINACIÓN muy importantes:

**LA MECA** (Arabia Saudí): el lugar al que todos los musulmanes están llamados a ir al menos una vez en su vida.

**BODHGAYA** (India): el sitio en el que Buda alcanzó la iluminación.

**JERUSALÉN** (Israel-Palestina): la Ciudad Santa, sagrada para las tres religiones del Libro: judaísmo, cristianismo e islam.

Benarés o **VARANASI** (India): bañada por el río sagrado de los hinduistas, el Ganges.

Siberia es una región enorme y muy poco poblada,
cubierta en su mayor parte por un tipo de bosque llamado TAIGA.
Aquí las temperaturas son muy frías; los inviernos, largos y crudos. Muchas
plantas se congelarían en estos bosques, pero los árboles de hoja perenne como
las coníferas sobreviven bien, gracias a sus hojas de aguja y a su gran resistencia.

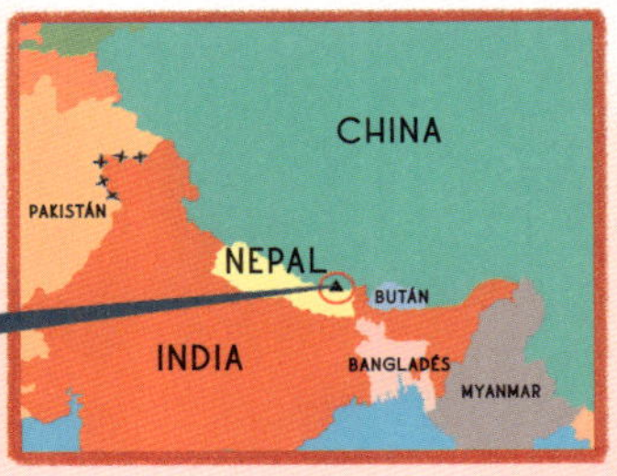

En la cordillera del Himalaya, justo entre
China y Nepal, se encuentra el EVEREST,
la montaña más alta de la Tierra. Mide
8848 metros desde el nivel del mar.
Montañeros de todo el mundo sueñan con
subir hasta su cumbre, pero coronar la cima
es muy arriesgado, y solo los escaladores
más experimentados pueden lograrlo.

ANILLO DE FUEGO

El llamado CINTURÓN (O ANILLO) ĐE FUEGO
del Pacífico, causado por el movimiento de las placas tectónicas,
recorre los bordes de este océano en el hemisferio norte.
En esta zona (tanto en Asia como en América) hay frecuentes
movimientos sísmicos y una gran actividad volcánica. Muchas islas volcánicas se
formaron por estos movimientos, como en Japón, Filipinas o Indonesia.

Asia física

OCÉANO ÁRTICO

CÍRCULO POLAR ÁRTICO

Trópico de Cáncer

ECUADOR

OCÉANO
PACÍFICO

OCÉANO
ÍNDICO

Cabo Dezhniov
Mar de Chukotka
Isla de Wrangel
Mar de Bering
Mar de Siberia Oriental
Montañas Kolimá
TUNDRA DE CHERSK-KOLIMÁ
KAMCHATKA
Islas Kuriles
Mar de Ojotsk
Sajalín
Archipiélago japonés
Mar de Japón
AMUR
Mar de la China Oriental
Taiwán
Mar de Filipinas
Archipiélago de Filipinas
Islas Célebes
Nueva Guinea

Nueva Siberia
Cordillera Verjoyansk
AMUR
AMUR
YANGTSÉ
XI JIANG
Mar de la China Meridional
Borneo
Cabo Piai
Sumatra
Java
Navidad

Tierra del Norte
Cabo Cheliuskin
Mar de Láptev
MESETA CENTRAL SIBERIANA
LENA
VILIUI
LENA
Lago Baikal
DESIERTO DE GOBI
Montañas Hengduan
MEKONG
INDOCHINA
IRRAWADI

Mar de Kara
SIBERIA
TUNGUSKA PEDREGOSO
ANGARÁ
Macizo de Altái
AMARILLO
MESETA TIBETANA
Cordillera Kunlun
Everest 8848,86 m
BRAHMAPUTRA
GANGES
Golfo de Bengala
Islas Cocos

YENISÉI
OBI
IRTISH
DESIERTO TAKLAMAKÁN
Ghats Orientales
Isla de Ceilán

WIHSI
Lago Baljash
Montañas Tian Shan
Cordillera del Himalaya
INDOSTÁN
DECÁN
Ghats Occidentales
Islas Maldivas

TOBOL
SIR DARIA
INDO
GANGES
Islas Laquedivas

OBI
Mar de Aral
AMU DARIA
INDO
Mar Arábigo

VOLGA
Mar Caspio
Montes Urales
Montes Zagros
DESIERTO DE RUB AL-JALI
Socotra

Cordillera del Cáucaso
DESIERTO SIRIO
TIGRIS
ÉUFRATES
DESIERTO DE ARABIA

ANATOLIA

46

## Países de Asia y sus capitales

Afganistán - Kabul
Arabia Saudí - Riad
Armenia - Ereván
Azerbaiyán - Bakú
Bangladés - Daca
Baréin - Manama
Brunéi - Bandar Seri Begawan
Bután - Timbu
Camboya - Nom Pen
Catar - Doha

China - Pekín
Corea del Norte - Pyonyang
Corea del Sur - Seúl
Emiratos Árabes Unidos - Abu Dabi
Filipinas - Manila
Georgia - Tiflis
India - Nueva Delhi
Indonesia - Yakarta
Irak - Bagdad
Irán - Teherán

Israel - Jerusalén
Japón - Tokio
Jordania - Amán
Kazajistán - Astaná (Nur-Sultán)
Kirguistán - Biskek
Kuwait - Kuwait
Laos - Vientián
Líbano - Beirut
Malasia - Kuala Lumpur
Maldivas - Malé
Mongolia - Ulán Bator
Myanmar (Birmania) - Naypyidó
Nepal - Katmandú
Omán - Mascate
Pakistán - Islamabad
Rusia - Moscú
Singapur - Singapur
Siria - Damasco
Sri Lanka - Colombo
Tailandia - Bangkok
Tayikistán - Dusambé
Timor Oriental - Dili
Turkmenistán - Asjabad
Turquía - Ankara
Uzbekistán - Taskent
Vietnam - Hanói
Yemen - Saná

*Asia política*

JAPÓN

RUSIA

MONGOLIA

KAZAJISTÁN

CHINA

COREA DEL NORTE

COREA DEL SUR

FILIPINAS

TIMOR ORIENTAL

INDONESIA

VIETNAM

BRUNÉI

LAOS

CAMBOYA

MALASIA

SINGAPUR

TAILANDIA

MYANMAR

BANGLADÉS

BUTÁN

NEPAL

SRI LANKA

INDIA

MALDIVAS

KIRGUISTÁN

TAYIKISTÁN

AFGANISTÁN

PAKISTÁN

UZBEKISTÁN

TURKMENISTÁN

IRÁN

OMÁN

EMIRATOS
Á.U.

CATAR

BARÉIN

KUWAIT

YEMEN

ARABIA
SAUDÍ

IRAK

SIRIA

JORDANIA

LÍBANO

ISRAEL

TURQUÍA

GEORGIA

ARMENIA

AZERBAIYÁN

# Oriente Próximo

Fuerte de Doha (Catar)

Caligrafía persa

Hiena

Pistachos

Gamo persa

Friso de los Arqueros del Palacio de Susa

Miniatura persa

Plaza de Naqsh-i Jahan

IRÁN

Burj Khalifa

Kamanché

Choga Zanbil

Persépolis*

Golfo Pérsico

BARÉIN

Naqsh I-Rustam

Manama

CATAR

Mar Caspio

Parapente

Flame Towers

*Bakú*

Volcán de lodo

*Teherán*

Dátiles Mazabati

Mezquita de Samarra

Mezquita Aljama de Isfahán

Perlas

Kuwait

KUWAIT

Petróleo

Esturión beluga*

Vino

Alfombra persa

Duduk

*Ereván* ARMENIA

AZERBAIYÁN

Gran Mezquita de Samarra

IRAK

Torres de Kuwait

Tejón melero

GEORGIA *Tiflis*

Khachkar

*Bagdad*

Puerta de Ishtar de la antigua Babilonia

Ciudadela de At-Turaif

ARABIA SAUDÍ

Castillo de Ananuri

Monasterio de Sumela

Dama de Warka

Hatra

Mar Negro

Monte Nemrut

SIRIA

Noria de Hama

Petra*

Mar de Azov

Chimenea de hadas de Capadocia

Crac de los Caballeros*

*Damasco*

JORDANIA

*Amán*

Beduino

Fuente del Rey Fahd

Elefante Ila

Globo aerostático

Café

LÍBANO

*Beirut*

Pueblo palestino

Basílica de Santa Sofía* en Estambul

Mevleví*

*Ankara*

Narguile

*Chipre*

Cedros de Dios (Líbano)

*Jerusalén*

ISRAEL

Menorá*

Manuscritos del Mar Muerto

Fez

TURQUÍA

Mar Mediterráneo

Alfabeto fenicio

Judío ortodoxo

Rollo de la Torá

Amuleto nazar

Aguas termales de Pamukkale

Éfeso

48

Musandam

Mascate

Janyar

Petrolero

Regatas de
barcos dhow
(Omán)

Incienso

Órix de Arabia

OMÁN

Al Arab

EMIRATOS ÁRABES
UNIDOS

Islas Palm

Soporte para
el Corán

Ballena jorobada

Caballito
de mar

Océano
Índico

Mansaf (Jordania)

Sopa de yogur y lavash
(Armenia)

Tabulé libanés

Faláfel (Oriente Próximo)

Ciudad vieja
de Shibam

YEMEN

Vestimenta
tradicional
árabe*

Oasis de Al-Ahsa

Cafetera dallah

Sombrero
madhalla

Drago Dracaena cinnabari

Socotra
(Yemen)

Musola arábiga

Barco
pesquero

Carreras de caballos
(Catar)

Döner (Oriente Próximo)

Caballo árabe

Mezquita Al Saleh
en Saná

Kabsa

Saná

Pescador

Miel

Golfo
de Adén

Cúpula de la Roca

Kaaba de La Meca

Estela
antropo-
mórfica

Muro de las
Lamentaciones

Mar Rojo

Jerusalén

Kufiya (pañuelo Palestino)

Catedral de la
Santísima Trinidad
en Tiflis (Georgia)

Olivo en Palestina

Cuevas de
Qumrán
(Palestina)

Mezquita Sheikh Zayed
de Abu Dabi
(Emiratos Árabes Unidos)

Árbol de la Vida (Baréin)

Basílica del Santo Sepulcro

* Descúbrelos en la página 56

# Asia septentrional

Océano

Eider real

Narval

Nueva Zembla

Alyosha (monumento a los defensores del Ártico soviético)

Tribu nénet*

Zefir

Raquetas para la nieve

Reno

Catedral de Cristo Salvador en Moscú

Catedral de la Natividad en Súzdal

Tocado tradicional Kokóshnik

Petróleo y gas natural

Moscú

**RUSIA**
(PARTE EUROPEA)

**RUSIA**
(SIBERIA, PARTE ASIÁTICA)

Pelmeni

Samovar

Nalichniki (ventanas con marcos tallados)

Catedral de la Asunción en Omsk

Catedral de la Anunciación en Vorónezh

Porcelana rusa

Casas de madera decoradas de Tomsk

Kremlin de Rostov

Camello híbrido bukht

Mezquita Hazrat Sultan

Astaná (Nur-Sultán)

Dombra

Mar Caspio

Caballo kazajo*

Ruinas de Sauran

Lago Baljash

**KAZAJISTÁN**

Caballo de Przewalski

Pagaza piquirroja

Mausoleo de Khoja Ahmad Yasavi

Mar de Aral

Petroglifos de Tamgaly

50

# Ártico

Frailecillo

Isla de Wrangel

Zorro ártico

Iglú

Mar de Bering

Charrán ártico

Pigargo gigante

Oso polar

Yupiks

Tierras del Norte

Nueva Siberia

Leopardo de las nieves*

Volcanes de Kamchatka

Lobo de la tundra

Oveja de las nieves

Kisel

Tribu nénet

Grulla siberiana

Parque Natural de los Pilares del Lena

Máscara de la Tristeza

Isba

Volcán Sarychev en las islas Kuriles

Ferrocarril Transiberiano*

Patatas

Sajalín

Islas Kuriles

Dragon Lake

Tigre siberiano*

Oso pardo siberiano

Morín juur (Mongolia)

Carbón

Lago Baikal

Industria maderera*

Caza con águila real

Catedral de la Dormición en Jabárovsk

Botas tradicionales (Mongolia)

Camello bactriano

Cetrería*

Arco mongol

Palacio de Invierno del Bogd Khan

Karakórum (Mongolia)

Ulán Bator

MONGOLIA

Estatua de Gengis Khan*

Desierto de Gobi

Danza Biyelgee

Yurta*

Petroglifos del Altái mongol

* Descúbrelos en la página 57

51

# Asia central y oriental

Colgante de filigrana uzbeko

Yurta kirguisa

Sombrero tradicional tayiko

Samarcanda*

UZBEKISTÁN

Estatua de Manás

Madrasa de Khalif Niyaz-kul

Torre de Burana

Quebrantahuesos

Jade

Bazar persa

Mausoleo de Turabek Khanum

Rubab*

Sombrero turcomano telpek

Asjabad

Taskent

Biskek

KIRGUISTÁN

Seda

Minarete de Jam

TURKMENISTÁN

Dusambé

TAYIKISTÁN

Ábaco

Sopa Wan Tun

Lámpara de aceite

Caracal

Mezquita Azul

Kabul

Piedra lapislázuli

Sherpa

Templo de Lhasa

AFGANISTÁN

Islamabad

Estola pakistaní

Mezquita Badshahi

Quab Minar

Nueva Delhi

Everest

NEPAL

Tíbet

PAKISTÁN

Camión

Taj Mahal*

Cabra de Cachemira

Katmandú

Tigre de Bengala

Fuerte de Agra (India)

Calderón gris

Cormorán indio

Tanpura

Tuc-tuc

Vestido sari

Cocodrilo marino*

Diosa hindú Parvati

Camarón de anémonas

INDIA

Océano Índico

Chaqueta nehru

Bollywood

Sampán

Ahsan Manzil - Palacio Rosa (Bangladés)

Laquedivas (India)

Máscara ceilanesa

Sigiriya

Tortuga laúd

Bungalow

MALDIVAS

SRI LANKA

Colombo

Yoga*

Delfín manchado tropical

Monumento al Tsunami

Malé

Faro de Galle

Canela*

Especias

52

Gamcheon Culture Village (Corea del Sur)

Acupuntura

Grulla de Manchuria

Máscara Nôgaku

Cerezo en flor

Etnia manchú

Conjunto de tumbas de Koguryo

Pai-pai uchiwa

JAPÓN

Tokio

Pagoda china

Porcelana

Casa tradicional hanok (Corea del Sur)

Baozi

Ciudad Prohibida

Farolillos

COREA DEL NORTE

Torre de Seúl

Máscara coreana

Torii

Pyonyang

Seúl

Pekín

天道水清
Caligrafía

Dragón chino

Qipao

COREA DEL SUR

Sushi

Vestidos hanfú

CHINA

Arroz

Gran Muralla*

Té

Taekwondo

Carpa

Panda rojo

Gran Buda de Leshan

Guerreros de Xian

Lago del Oeste de Hangzhou

Junco

Seres mitológicos japoneses Shisa

BUTÁN

Langur dorado

Teatro de sombras

Karst

Edificio Taipéi 101

Castillo Himeji (Japón)

Oso panda

Hong Kong

Taiwán

Perla rosa

BANGLADÉS

Guqin

Buda Tian Tan

Daca

Faisán dorado

Serpiente de coral de MacClelland

Hainan

Buque portacontenedores*

Océano Pacífico

Máscara protectora nepalí

Estupa Dhamek (India)

Monje budista

Templo de Nashan

Katana

Monte Fuji (Japón)

Andamán y Nicobar (India)

Mostaza

Samurái*

Charrán bengalí

Cachalote enano

Ibis crestado de Asia

Taktsang - Nido del Tigre (Bután)

* Descúbrelos en la página 58

Templos de Bagan

Pañuelo krama (Camboya)

Gong vietnamita

Bahía de Ha Long*

Iglesia de Paóay

Pagoda Wat Mai

VIETNAM

*Hanói*

Campesino

Mar de la China Meridional

Cataratas Pagsanján (Filipinas)

MYANMAR (BIRMANIA)

Cálao bicorne

LAOS

*Vientián*

Serpiente naga

Elefante

Cobra real

Sombrero Nón Lá*

Pagoda de Shwedagon

*Naypyidó*

Altar budista*

TAILANDIA

Leopardo de Indochina

Tifón

Estupa de Phra Pathom Chedi

Templo del Buda de Esmeralda

Angkor*

Mujer padaung (Myanmar)

Flor de loto (Tailandia)

*Bangkok*

CAMBOYA

*Nom Pen*

Pangolín malayo

Carruaje de oro de Hassanal Bolkiah (Brunéi)

Muay thai (Tailandia)

Mar de Andamán

Teatro de sombras jémer

Cerámica de Ban Chiang

Golfo de Tailandia

Supertree Grove (Singapur)

BRUNÉI

*Bandar Seri Begawan*

Bolso Hill Tribe

Casa tradicional Rumah Melayu

Kampong Ayer (Brunéi)

Torres Petronas*

MALASIA

Flor *Raflessia arnoldii*

Orangután

Aro gigante (flor «cadáver»)*

*Kuala Lumpur*

SINGAPUR

*Singapur*

Orquídea

Kris indonesio

Borneo

*Sumatra*

INDONESIA

Océano Índico

Lago Toba

Palacio de Pagaruyung

Estupa de Borobudur

Selva

*Yakarta*

*Java*

Mezquita de Cristal (Malasia)

Santuario de la Verdad (Tailandia)

Volcán Krakatoa

54

# Sudeste asiático

Terrazas de arroz*

**FILIPINAS**

Yipni

Manila

Palma *Livistona rotundifolia*

Mango Carabao

Zuecos bakya

Bahay kubo

Mar de Filipinas

Águila filipina

Bangka

Lémur volador

Faro de la isla de Corregidor (Filipinas)

# Océano Pacífico

Colinas de Chocolate (Filipinas)

Jamu

Especias

Casa Tongkonan

Etnia ndani

Lorito de Salvadori

Aldea Cultural Mari Mari

Mar de Célebes

*Nueva Guinea*

Marsupial *Pseudochirops corinnae*

**LASIA**

Canasta de bambú

Secadero de pescado

Serpiente *Ramphotyphlops*

Batik

**INDONESIA**

**INDONESIA**

Menhires de Bori

*Célebes*

Mono tarsero

*Molucas*

Casas uma lulik*

Tejido tais (Timor Oriental)

Etnia dayak

Figuras Tau Tau

Dili

Palacio de Ratu Boko

Dragón de Komodo*

**TIMOR ORIENTAL**

Río subterráneo de Puerto Princesa (Filipinas)

Puente de Hoi An (Vietnam)

Cabeza de Buda en tronco de árbol de Ayutthaya (Tailandia)

Bailarina balinesa

Playas de Bali (Indonesia)

* Descúbrelos en la página 59

# Oriente Próximo

### Persépolis

En el siglo VI a.C., en tiempos de mayor poder y extensión del Imperio persa, el rey Darío I ordenó construir una ciudad que causase admiración tanto dentro como fuera del imperio. Palacios, fuentes, jardines, magníficas esculturas y relieves —de los que quedan algunos restos— fueron el orgullo de esta importante civilización.

### Esturión beluga

Este esturión es uno de los peces más grandes que existen, aunque su gran tamaño no le ha servido para defenderse de su mayor depredador: el hombre. Sus huevas son el cotizado caviar por el que su especie se encuentra hoy en peligro de extinción.

### Mevleví

Con el propósito de transcender espiritualmente, los derviches giradores (una orden de la religión musulmana) realizan una curiosa danza ritual: en ayunas, y al ritmo de una música ceremonial tradicional, los mevlevíes giran y giran sobre sí mismos —o, más bien, sobre su pie izquierdo—, hasta alcanzar un estado de trance.

### Petra

El nombre de Petra se parece mucho a la palabra «piedra». ¿Casualidad? Para nada, pues ambos proceden del mismo término griego. La antigua ciudad de Petra, en la actual Jordania, fue excavada en la roca. Hoy se pueden contemplar restos como las admirables fachadas esculpidas de varios de sus edificios.

### Crac de los Caballeros

En el siglo XII, durante la Segunda Cruzada que enfrentó a cristianos y musulmanes, los caballeros de la Orden Hospitalaria de San Juan de Jerusalén reconstruyeron este imponente castillo para utilizarlo como fortaleza defensiva. Su ubicación en Siria se consideraba entonces Tierra Santa.

### Santa Sofía

Un cristiano y un musulmán rezan en el interior de un templo. ¿Están en Bizancio? ¿En Constantinopla? ¿En Estambul? Todo depende del momento histórico, aunque el tiempo continúa haciendo historia en Santa Sofía, en cuya hermosa cúpula siguen posándose los rayos del sol cada nuevo amanecer.

### Kaaba de La Meca

Cuando un musulmán reza en cualquier parte del mundo, lo hace mirando hacia la ciudad de La Meca. Allí se encuentra la Kaaba, una construcción en forma de cubo que alberga en su interior la Piedra Negra, objeto de devoción en el islam. Los peregrinos que visitan este lugar dan siete vueltas alrededor de la Kaaba y besan la Piedra, como hizo Mahoma.

### Menorá

En el segundo libro del Antiguo Testamento, el Éxodo, podrás leer el origen de este candelabro de siete brazos sagrado para los judíos: Yahvé (Dios) mandó construir uno de oro macizo para que el pueblo hebreo, en su éxodo hacia la Tierra Prometida, pudiese rendirle culto, ya que el candelabro representa su propia luz divina.

### Vestimenta tradicional árabe

La ley islámica dicta que los fieles deben ocultar las partes del cuerpo más privadas. La vestimenta tradicional varía en cada región. En Arabia Saudí, el turbante típico con el que cubren la cabeza los hombres es el *shemagh*, y una túnica o abrigo utilizado en ocasiones especiales es el *bisht*.

# Asia septentrional

### Industria maderera

Muy cerca del lago Baikal, los frondosos bosques del altiplano siberiano proporcionan vastas cantidades de madera. Aprovechando la riqueza forestal de esta zona creció la industria maderera, que actualmente sigue siendo muy potente en Siberia.

### Leopardo de las nieves

En las altas cumbres del corazón de Asia, en los parajes más inaccesibles, habita el leopardo de las nieves, un espectacular mamífero cuyo pelaje se camufla entre los riscos de este hábitat montañoso. No sabemos demasiado de este animal solitario, difícil de ver. ¡Él solo quiere que le dejen vivir en paz!

### Tigre de Amur o siberiano

En su recorrido hacia el mar de Ojotsk, el río Amur sirve de frontera entre Rusia y China en su parte más oriental. Por aquí habita el tigre siberiano, impresionante mamífero cuyo gran tamaño y potente ataque lo convierten en un cazador excepcional. Es el félido más grande y el tigre con el pelaje más largo.

### Tribu nénet

Muchos pueblos y tribus del planeta fueron nómadas porque se dedicaban a pastorear animales, ya que el ganado necesita amplias extensiones de hierba para alimentarse y se desplaza constantemente. Los nénet recorrían las estepas siberianas con sus rebaños de renos, y hoy todavía algunos de ellos mantienen este estilo de vida.

### Yurta

Es una vivienda similar a una tienda de campaña, ya que debe ser fácilmente desmontable y transportable. La utilizan los pueblos nómadas de las estepas centrales de Asia, usando madera, paja y lana. Aunque haga mal tiempo y acechen peligros fuera, dentro estarás cómodo y protegido... ¡Te sentirás como en casa!

### Ferrocarril Transiberiano

¡No hay nada como viajar en tren! Sobre todo si es para atravesar Siberia mientras se ve cambiar el paisaje a lo largo de miles de kilómetros, dejando atrás pueblos y ciudades que, antes de la llegada del ferrocarril, se encontraban aislados. La línea principal y más larga del Transiberiano es la ruta que va de Moscú a Vladivostok.

### Cetrería

Se llama «cetrería» al tipo de caza que utiliza aves rapaces, como halcones, águilas o azores. Estas aves son excelentes cazadoras por naturaleza, pero, si quieres que cacen para ti, debes adiestrarlas. Los pueblos nómadas del centro de Asia eran unos expertos cetreros y cazaban con águilas. Conseguían incluso que las aves se mantuvieran en su hombro ¡mientras cabalgaban!

### Estatua de Gengis Khan

La estatua ecuestre más grande del mundo se encuentra en Ulán Bator, y representa al mítico guerrero que consiguió unir a todas las tribus mongolas, fundando el poderoso Imperio mongol en el siglo XIII. Armados con un arco y siempre a lomos de un caballo, los mongoles conquistaron media Asia.

### Caballo kazajo

Dicen que fue en Kazajistán donde los caballos salvajes se domesticaron por primera vez. La domesticación se extendió y ya no quedan caballos salvajes en el mundo (aunque algunos caballos sí viven en libertad). Los kazajos criaron un tipo de caballo bajito, rechoncho, poco hábil pero muy resistente, el caballo kazajo.

# Asia central y oriental

### Cocodrilo marino

Esta especie de cocodrilo, la más grande, es la única que se ha adaptado al agua salada. Harás bien en alejarte cuanto antes si por un casual te topas con uno de ellos, porque un reptil tan agresivo no tendrá piedad si te considera una buena presa. ¿Y qué puedes hacer tú frente a la mordida más potente del reino animal?

### Gran Muralla China

Puedes visitarla, pero no la recorrerás entera porque para ello tendrías que caminar más de 21 000 kilómetros. Los chinos construyeron este sistema de murallas a lo largo de muchos siglos para defenderse de los ataques de los pueblos del norte de su territorio, entre los cuales estaban los mongoles.

### Yoga

En su origen hace más de 2000 años, el yoga consistía en el cuidado exclusivo de la mente: la meditación. Pero es muy difícil quedarse quieto cuando el cuerpo se encuentra incómodo: que si duele aquí, que si pica allá... Por eso se practicaban algunas posturas (sentados, a ser posible), porque, una vez dominadas, resultaban lo suficientemente cómodas para poder olvidarse del cuerpo y concentrarse únicamente en la meditación.

### Rama de canela

Sri Lanka (la antigua Ceilán) es un paraíso de especias. A lo largo de la historia, comerciantes de todas las culturas han viajado a esta isla para comprar cúrcuma, nuez moscada, cardamomo, clavo... y, sobre todo, canela, la perla de las especias, que luego vendían a precio de oro en su país de origen.

### Buque portacontenedores del Puerto de Hong Kong

Si llegas a Hong Kong en barco, lo primero que verás es un impresionante perfil de rascacielos. Después, su puerto, uno de los que más tráfico marítimo tiene, sobre todo tráfico comercial: en sus muelles se cargan y descargan millones de contenedores al año, en enormes buques con mercancías de todo el mundo.

### Rubab

Para hacer sonar un instrumento de cuerda puedes golpear las cuerdas (como en un piano, cuyas cuerdas son golpeadas por un mazo), pulsarlas (como en una guitarra, que se toca con los dedos) o frotarlas (como en un violín, que se toca con un arco). El rubab se toca con los dedos, y es un instrumento tradicional en Tayikistán y en sus países vecinos.

### Taj Mahal

El emperador de la India Sha Jahan I tenía varias esposas, pero una era su favorita: Mumtaz Mahal. Ya le había dado 13 hijos cuando, al nacer el decimocuarto, falleció. Su muerte sumió al enamorado emperador en la tristeza. Para mantener vivo el recuerdo de su esposa, ordenó construir en Agra un mausoleo digno de su amor: el esplendoroso palacio Taj Mahal.

### Samurái

En Japón, los guerreros samuráis gozaron de mucho prestigio. Los señores feudales los contrataban para defender sus tierras, pero, en tiempos de guerra, se sumaban al ejército japonés. Maestros de las armas, practicaban la meditación y seguían con disciplina su código de conducta y moral, el *bushido*.

### Samarcanda

En el siglo VII a.C. Samarcanda ya existía; es decir, ¡tiene más de 2600 años! Situada en la actual Uzbekistán, estaba en la Ruta de la Seda y allí se detenían las caravanas de comerciantes que la convirtieron en una ciudad rica y famosa en toda Asia. Si visitas hoy el Registán (que fue el centro de la antigua Samarcanda), podrás hacerte una idea de su esplendor.

# Sudeste asiático

## Torres Petronas

Cuando se terminaron de construir en Malasia en el año 1998, eran los edificios más altos del mundo, aunque hoy ocupan el puesto 21 en la escala de los rascacielos. Son dos torres gemelas unidas a media altura por un puente, y la base de las torres tiene forma de estrella: la estrella de ocho puntas islámica.

## Terrazas de arrozales

La empinada ladera de una montaña no parece el lugar ideal para tener una plantación, pero, con este sistema, se arregla el problema. Las terrazas no son exclusivas de Filipinas, pero tienen aquí siglos de antigüedad. Con ellas, la pendiente se convierte en una verde escalera que permite cultivar arroz y otros alimentos.

## Casas uma lulik

Estas construcciones de diseño tan particular (elevadas sobre pilotes de madera y con un tejado apuntado como sombrero de bruja) solo pueden construirse con materiales naturales porque son casas de culto y albergan objetos sagrados. Tradicionalmente, cuando se fundaba un pueblo en Timor Oriental, lo primero que se construía era una casa *uma lulik*.

## Aro gigante (flor «cadáver»)

La isla de Sumatra posee una selva tropical muy densa en la que crecen especies tan asombrosas como esta flor: llega a medir 3 metros de alto y desprende un olor tan apestoso que a ti te hará salir corriendo, aunque a los insectos que la polinizan los atrae... ¡irresistiblemente!

## Bahía de Ha Long

Al norte de Vietnam se encuentra un increíble paraje que tardó millones de años en formarse. Parece que mereció la pena que la naturaleza se tomara tanto tiempo, pues este laberinto de verdes paredes, creado por la gran cantidad de islotes escarpados que afloran por encima del agua, es un lugar verdaderamente mágico.

## Angkor

Imagina una ciudad legendaria en medio de la selva, abandonada, invadida poco a poco por la vegetación... No es una película de aventuras: es Angkor. Al menos, así estaba antes de que se «limpiase» y restaurase. El corazón del Imperio jemer (que llegó a ocupar gran parte de la península de Indochina) es uno de los lugares más especiales de Camboya, una ciudad sagrada del hinduismo.

## Dragón de Komodo

Tiene lengua bífida de serpiente; los indígenas de la isla de Komodo llaman a este animal «cocodrilo»; nosotros lo llamamos «dragón». Pero no es serpiente, ni cocodrilo ni dragón, sino un lagarto cuyo tamaño (el mayor del mundo) y asombroso apetito nos hacen pensar en monstruos terribles y amenazadores.

## Altar budista tailandés

Un príncipe que vivía lujosamente en su palacio decidió abandonarlo y salir en busca de la sabiduría espiritual. Meditaba y ayunaba, y, aunque llevaba una vida muy dura, logró alcanzar la iluminación y se dedicó a predicar sus enseñanzas. Es Buda (te sonará el nombre), y creó el budismo, una religión que casi toda la población de Tailandia sigue; de hecho, este es el país en el que más budistas hay.

## Sombrero vietnamita Nón Lá

Cuando no luce un sol abrasador, llueve a mares... Si vives en un país así, necesitarás un sombrero como el Nón Lá. Protege tanto del sol (proporciona sombra a todo el rostro) como de la lluvia (con su forma puntiaguda, las gotas resbalan hacia el borde, evitando que se acumule el agua). Y si después de trabajar quieres ir a coger bayas, ¡te sirve de recipiente!

# EUROPA

Europa extendió la cultura occidental por gran parte del mundo, contagiando a otras civilizaciones. Hoy es ella quien recibe la influencia de diferentes pueblos y culturas que cambian poco a poco su día a día. Nuevos ritmos, olores y sabores enriquecen hoy el viejo continente.

Imposible describir Europa sin el **MEDITERRÁNEO**. El mar que fue el centro del mundo durante siglos permitió el contacto entre pueblos y civilizaciones, creando un vínculo entre Asia, África y Europa. Sus aguas han visto pasar a comerciantes y viajeros, artistas, científicos, filósofos, reyes y emperadores, exploradores, soldados, emigrantes...

La región mediterránea comparte un clima suave y benigno, pero también la luz y el aire, la alegría, una rica gastronomía y un carácter abierto que busca siempre el contacto humano.

La CORDILLERA DE LOS ALPES se extiende por ocho países. En la parte occidental, entre Francia e Italia, se encuentra el Mont Blanc: el «monte blanco», porque su cumbre siempre está cubierta de nieve. Sus escarpadas laderas pusieron de moda la escalada. Hoy puedes llamar «alpinista» a todos los escaladores.

Finlandia se conoce como «el país de los mil lagos».

El sobrenombre se queda corto, porque solo en la llamada REGIÓN DE LOS LAGOS se acumulan casi el doble.

El paisaje que forman es absolutamente embriagador; como un gran espejo añil y cristalino, brillante bálsamo de paz y bienestar.

Existe algo muy particular que todo el territorio europeo comparte: la presencia de castillos. Se debe sobre todo a un PASADO MEDIEVAL que mantuvo a Europa continuamente enfrascada en sucesivas batallas. Luchas entre reinos, cruzadas y guerras de religión impulsaron la edificación de recias fortificaciones, muchas encaramadas en los riscos de algún promontorio rocoso.

Aunque castillos hay en todo el mundo, en Europa no hay país sin su propia fortaleza.

## Países de Europa y sus capitales

Albania - Tirana
Alemania - Berlín
Austria - Viena
Bélgica - Bruselas
Bielorrusia - Minsk
Bosnia y Herzegovina - Sarajevo
Bulgaria - Sofía
C. del Vaticano - C. del Vaticano
Croacia - Zagreb
Dinamarca - Copenhague
Eslovaquia - Bratislava
Eslovenia - Liubliana
España - Madrid
Estonia - Tallin
Finlandia - Helsinki
Francia - París
Grecia - Atenas
Hungría - Budapest
Irlanda - Dublín
Islandia - Reikiavik
Italia - Roma
Letonia - Riga
Liechtenstein - Vaduz
Lituania - Vilna
Luxemburgo - Luxemburgo
Macedonia del Norte - Skopie
Malta - La Valeta
Moldavia - Chisináu
Mónaco - Mónaco
Montenegro - Podgorica
Noruega - Oslo
Países Bajos - Ámsterdam
Polonia - Varsovia
Portugal - Lisboa
Ppado. de Andorra - Andorra la Vella
Reino Unido - Londres
Rep. Checa - Praga
Rep. de Chipre - Nicosia
Rumanía - Bucarest
Rusia - Moscú
San Marino - San Marino
Serbia - Belgrado
Suecia - Estocolmo
Suiza - Berna
Ucrania - Kiev

# Europa política

# Europa occidental

Mar del Norte

**PAÍSES BAJOS**
Amsterdam

Molino de viento en Kinderdijk*

Tulipanes

Catedral de Amberes

Bruselas

Casas de Brujas

Chocolate

**BÉLGICA**

Croissant

**LUXEMBURGO**
Luxemburgo

Castillo de Bourscheid

Bicicleta

Baguette

**FRANCIA**

París

Torre Eiffel

Canal de la Mancha

Catedral de Notre Dame

Londres

Parlamento del Reino Unido

Autobús de dos plantas

**INGLATERRA**

Té

Border collie

Nessie (Lago Ness)

Castillo de Urquhart

Quaich

**ESCOCIA**

Whisky

Gaita escocesa

Islas Shetland (R.U.)

Islas Órcadas (R.U.)

Islas Hébridas (R.U.)

Islas Feroe (Dinamarca)

**REINO UNIDO**

GALES

Castillo de Harlech

Isla de Man (R.U.)

Stonehenge*

**IRLANDA DEL NORTE**

Dublín

**IRLANDA**

Castillo de Kilkenny

Cruz celta de Muiredach*

Muro de Adriano (Inglaterra, Reino Unido)

Calzada de los Gigantes (Irlanda del Norte, Reino Unido)

Teatro romano de Mérida (España)

**ISLANDIA**

Volcán Askja

Géiser

Frailecillo atlántico

Reikiavik

Iglesia Hallgrímskirkja

Castillo de Edimburgo (Escocia, Reino Unido)

64

Palacio de Versalles

METRE

1 metro*

Puente del Gard

Gran Premio de Mónaco de Fórmula 1

MÓNACO
Mónaco

Mar Mediterráneo

Talayot

Islas Baleares (España)

Declaración de los Derechos del Hombre y del Ciudadano

Gallo

Aguas termales

Castell

Andorra la Vella
ANDORRA

Océano Atlántico

Museo Guggenheim

Vino

Basílica de Nuestra Señora del Pilar

Casas colgadas

Paella

Sancho Panza

Palmeral de Elche

Desierto de Tabernas*

Cueva de Altamira

Puerta de Alcalá

Don Quijote

ESPAÑA

Camino de Santiago

Alcázar de Segovia

Madrid

Aceituna

Las Médulas

Mezquita de Córdoba

Molino de viento

Muralla de Ávila

Estrecho de Gibraltar

Catedral de Santiago de Compostela

Castillo de Guimarães

Torre de Belém

Giralda de la Catedral de Sevilla

Abanico

PORTUGAL

Islas Azores (Portugal)

Gallo de Barcelos

Monumento a los Descubrimientos

Lisboa

Guitarra de fado*

Jamón de Jabugo

* Descúbrelos en la página 70

65

# Centro y norte de Europa

Océano Ártico

Océano Atlántico

RUSIA

FINLANDIA

Oso pardo

Vodka

Pueblo chuvasio

Búho nival

Mujer con sarafán

Aurora boreal (norte de Rusia y de Escandinavia)

Cisne

Gorro ushanka de piel de castor

Museo del Hermitage

Papá Noel

Pueblo sami

Marcha nórdica

Iglesia vieja de Petäjävesi

Castillo de Turku

Reno

Ropa de lana

Caballo de Dalecarlia

Alfred Nobel

Premio Nobel*

Guerrero vikingo

Casas de madera

Tívoli (Dinamarca)

Breslavia (Polonia)

Iglesia de madera (stavkirke) de Hopperstad

66

Matrioshka

Catedral de Santa Sofía en Kiev*

Pisanka

Mar de Azov

Catedral de San Basilio

★ Moscú

Balalaika

Girasoles

Mar Negro

Ballet ruso*

Alce

Aciano

Kiev

Casa campesina

UCRANIA

Catedral de Alejandro Nevski

Zapatillas muhu

Lavandera blanca

Minsk

Castillo de Mir

BIELORRUSIA

Petirrojo europeo

Helsinki

Mitones

LETONIA

Vilna

Tserkva de madera

Tallin

ESTONIA

Riga

Castillo de Trakai

LITUANIA

Cigüeña blanca

Castillo de Bojnice

Estocolmo

Casa de los Cabezas Negras

KALININGRADO (Rusia)

Bisonte europeo

Varsovia

POLONIA

ESLOVAQUIA

Halcón peregrino

Mar del Norte

Cerámica tradicional

Minas de Tarnowskie Góry

Bratislava

Piedra rúnica*

Grabados rupestres de Tanum

SUECIA

Pigargo europeo

Amapola silvestre

Cristal de Bohemia

Libro

REP. CHECA

Puente de Carlos

Marioneta*

Oslo

NORUEGA

Hans Christian Andersen

Copenhague

DINAMARCA

Berlín

ALEMANIA

Bretzel

Praga

Oktoberfest*

Lego

Puerta de Brandeburgo

Palacio de Neuschwanstein

Selva Negra

* Descúbrelos en la página 70

67

# Sur y este de Europa

Música clásica*

Palafitos prehistóricos de los Alpes

Viena

Reloj de cuco

Fondue

Tejón

AUSTRIA

Edelweiss

Basílica de San Pedro en Vaticano

CERN*

Berna

LIECHTENSTEIN

Vaduz

Marmota alpina

Sombrero tirolés

Esquí*

SUIZA

Queso

Máscara

Liubliana

ESLOVENIA

Reloj suizo

Iris croatica

CROACI

Góndola*

Palazzo Pubblico

Catedral de Milán

Torre de Pisa

SAN MARINO

Castillo de Novigrad

Santorini (Grecia)

Mar de Liguria

ITALIA

Vespa

Coliseo

Roma

C. DEL VATICANO

Paíño europeo

Córcega (Francia)

Aceite de oliva

Mar Tirreno

Puente de las Cadenas en Budapest (Hungría)

Basílica de Saccargia

Mar Balear

Cerdeña (Italia)

Islas Baleares (España)

Viñedos de Piamonte (Italia)

Playas

Barco pesquero

Helado

Vol Etr

Interlaken (Suiza)

Pardela mediterránea

Mar Mediterráneo

Sicilia (Italia)

Luzzu maltés

Miel

La Valete

Basílica de San Esteban

Monasterio de Voronet

Monasterio de Saharna

Chisináu

MOLDAVIA

Pagaza piquirroja

Budapest

HUNGRÍA

Salami

Jabalí

Cucharas de madera tradicionales

Lobo

Estatua del rey Decébalo (Rumanía)

Vaca gris húngara

jengibre

Zagreb

Juguete de madera

Cementerio Alegre de Sapantza

Castillo de Drácula*

Arcul de Triumf

Cerámica rumana

Casa tradicional

Templo de San Sava

Belgrado

Puente de Mostar*

Diple serbio

Ganso

RUMANÍA

Bucarest

Catedral de Alejandro Nevski

BULGARIA

Mar Negro

BOSNIA Y HERZEGOVINA

Sarajevo

Monasterio de Ostrog

Urogallo

Sofía

Puente del Diablo

Gadulka

Mar de Mármara

Murallas de Dubrovnik

Bordado de Zmijanje

MONTENEGRO

Podgorica

Mariposa ícaro

Pristina

Skopie

MACEDONIA DEL NORTE

Ciervo

Pelícano

Mar Adriático

Tirana

ALBANIA

Lince

Tavče gravče

Moussaka

Mar Egeo

Pizza

Trullo

Alfombra kilim

Monasterios de Meteora

Olivas

Nicosia

REP. DE CHIPRE

Bronce de Riace

Mar Jónico

Olivos

Partenón*

Atenas

Chipre

Halloumi

Cebolla roja calabresa

Bracera

Lira

Puerta de los Leones

Caballero de la Orden de Malta

Barco de recreo

Papiro de Derveni (Grecia)

GRECIA

Minotauro

Diosa de las Serpientes

Creta (Grecia)

MALTA

Ánfora panatenaica de Eufiteto (Grecia)

* Descúbrelos en la página 70

69

# Europa

## Molinos de viento de Kinderdijk

Si no conoces los Países Bajos, imaginarás este país como una extensión verde salpicada de molinos de viento. Muchos de los molinos holandeses son antiguos (algunos del siglo XVIII), y no solo se utilizan para moler el grano sino, por ejemplo, para controlar el agua del mar, que siempre amenaza con causar inundaciones.

## Piedra rúnica

Las runas son las letras de los alfabetos que utilizaron los pueblos germánicos, los alfabetos rúnicos. En Escandinavia los vikingos dejaron inscripciones rúnicas en piedras llamadas «estelas» (piedras grandes conmemorativas); además de runas, las inscripciones podían contener dibujos.

## Puerto de Bryggen de la Liga Hanseática

En el siglo XII, algunos gremios de comerciantes alemanes en el mar del Norte y en el Báltico vieron que sus negocios podían prosperar más si se aliaban y se defendían mutuamente. A esta alianza (que tomó el nombre de Liga Hanseática) se sumaron otras ciudades, que fueron añadiendo puertos a esta poderosa red comercial, como el puerto de Bryggen, en la ciudad de Bergen, Noruega.

## Guitarra de fado

La guitarra portuguesa acompaña, junto con una viola, a la voz que canta los fados. Son piezas interpretadas con mucha emoción, que tratan la nostalgia, la melancolía, la tristeza... Las cuerdas de la guitarra, con su vibrante voz, responden al fadista en su lamento y se convierten en el compañero ideal.

## Catedral de Santa Sofía en Kiev

Esta preciosa catedral ucraniana fue construida en el siglo XI, cuando reinaban allí los rus de Kiev. El territorio de los rus abarcaba la actual Ucrania, Bielorrusia y la parte europea de Rusia, y su capital estaba en Kiev. La catedral ha sobrevivido diez siglos a una larga historia de amenazas: ¡ojalá siga en pie por mucho tiempo!

## Stonehenge

En el III milenio a.C. no había relojes, pero sí se podía medir el paso de las horas y los días: ¡para eso está el sol! Sin un reloj, puedes percibir el paso del tiempo comparando las sombras que proyectan los objetos que están fijos; objetos como las enormes piedras distribuidas en círculos de Stonehenge. ¡Un enorme calendario solar!

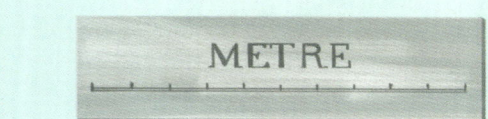

## 1 metro (Inscripción en el Ministerio de Justicia, París)

Ya sabes qué es 1 metro: 10 decímetros, 100 centímetros, 1000 milímetros. Pero ¿por qué mide lo que mide? ¿Por qué no es más largo o más corto? Cualquier longitud puede también dividirse en 10, en 100 o en 1000 partes... ¿Quién lo decide? La longitud estándar de 1 metro, al igual que el peso de 1 kilogramo o la duración de 1 segundo, la define la Oficina Internacional de Pesos y Medidas, con sede en París.

## Esquí en Eslovenia

En Eslovenia el esquí es un deporte muy popular. En la región alpina al noroeste del país (los Alpes Julianos) encontrarás varias estaciones de esquí, en algunas de las cuales se celebran competiciones de carácter internacional.

## Desierto de Tabernas

En Almería, al sur de España, se encuentra el único desierto caliente de Europa. Además de poseer un ecosistema único, sus paisajes son tan espectaculares que han servido de escenario cinematográfico para muchas películas, las más célebres, los míticos «westerns» rodados por famosos directores del cine de Hollywood.

## Música clásica

Austria suena a música clásica. Mozart nació allí, y también fue el hogar de otros grandes compositores como Beethoven, Brahms, Strauss o Schubert. Además, en Austria hay muchas salas de conciertos y se celebran importantes festivales internacionales, como el de Salzburgo o el de Viena. Es el lugar ideal para los amantes de la música clásica.

## Puente de Mostar

Con su forma apuntada tocando ambas orillas del río Neretva, este puente es todo un símbolo. Durante la Guerra de Bosnia, los musulmanes que vivían a un lado del puente se enfrentaron a los católicos que vivían al otro lado, y el puente fue destruido. Afortunadamente, la guerra terminó, y el puente se reconstruyó para unir a todos de nuevo.

## Oktoberfest

En Alemania, esta es la fiesta más popular. Se celebra en Múnich y tiene como protagonista indiscutible a la cerveza, una bebida que en el país tiene mucha solera. ¡Pero no creas que la fiesta consiste solo en beber cerveza y comer salchichas! La cultura bávara (de Baviera, una región alemana) está presente en los trajes tradicionales, en la comida, en la música, en los desfiles...

## Partenón

En la acrópolis de Atenas (es decir, en la parte elevada de la ciudad) se encuentran los restos más emblemáticos de la antigua civilización griega. Construcciones como el Partenón, que data del siglo VI a. C., han inspirado a los arquitectos a lo largo de la historia. ¿Te recuerdan las columnas del Partenón a algún edificio de tu ciudad?

## Premio Nobel

Si algún día haces un descubrimiento importante; si con tus estudios e investigaciones consigues solucionar un grave problema, haces una aportación al desarrollo de las artes o las ciencias, o realizas una noble acción en beneficio de la humanidad, quizá ganes un Premio Nobel. Te lo darán en honor a Alfred Nobel, el científico sueco que instauró estos premios.

## Ballet ruso

El ballet en Rusia tiene una larga tradición. Todos han amado esta danza: desde los grandes zares en la corte imperial hasta los ciudadanos que acuden a las representaciones actuales en teatros como el Bolshói. Su excelencia artística lo ha convertido en uno de los símbolos del país. ¿Acaso no conoces *El lago de los cisnes*?

## Cruz de Muiredach

Los celtas fueron un conjunto de pueblos que se extendieron por toda Europa, aunque fue sobre todo en Irlanda donde dejaron su gran legado cultural. Un ejemplo son las cruces celtas, cruces con un círculo decoradas con motivos célticos. La Cruz monumental de Muiredach se remonta al siglo X.

## Marioneta

Es muy difícil dar vida a un muñeco, da igual si lo haces con las manos (un títere) o si lo mueves a través de hilos (una marioneta). Los actores son verdaderos artistas, y los títeres y las marionetas pueden ser obras de arte. En Chequia está muy arraigado el teatro de marionetas, y muchos talleres confeccionan los muñecos a mano; algunos incluso los exponen en museos.

## Castillo de Drácula

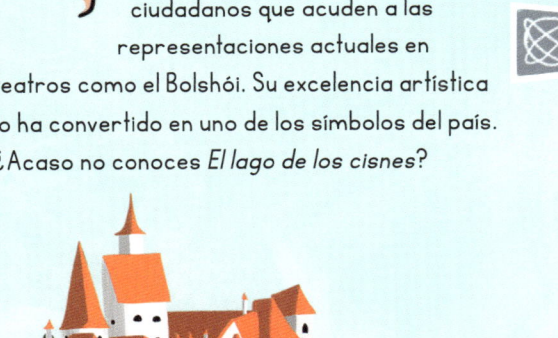

El príncipe Vlad III de Valaquia vivió en el siglo XV. Fue apodado «Draculea», (hijo de Dracul, es decir, del Dragón o del Demonio); de ahí el nombre del famoso personaje de ficción. Aunque Vlad no chupaba la sangre de las personas, fue muy cruel con sus enemigos, pero luchó contra los otomanos para defender el país y en Rumanía es considerado un héroe.

## Góndola

Venecia es una ciudad repleta de canales, así que, si la visitas, te tocará cruzar un montón de puentes. Pero si prefieres conocer la ciudad desde el agua puedes hacerlo en una góndola, el típico barco veneciano. Hoy las góndolas pasean a los turistas, pero siglos atrás fueron el medio de transporte más usado por sus habitantes.

## CERN

¿De qué está hecho el universo? Eso es precisamente lo que intenta averiguar el Centro Europeo para la Investigación Nuclear (CERN), un gran laboratorio internacional en Suiza creado para estudiar la materia que compone el universo. Allí se estudian las partículas elementales de la materia (electrones, quarks, bosones, neutrinos...), más pequeñas que un átomo.

# OCEANÍA

Este continente insular recibió el nombre más adecuado, pues el océano es su corazón palpitante. El mar baña las numerosas costas y condiciona la vida de todos sus habitantes, ya sean humanos, plantas o animales. Para los primeros el mar, siempre presente, ha influido en la alimentación, el transporte, la ropa, la arquitectura, la religión, las tradiciones y el ocio.

Oceanía se divide en cuatro regiones: el territorio australiano y las tres regiones que incluyen las islas del Pacífico: **MICRONESIA, MELANESIA** y **POLINESIA**. Estos nombres hacen referencia a su condición de islas, ya que están formados por la palabra griega *nesi (nisi)*, que significa eso, «isla».

La Polinesia se extiende por el Pacífico y llega en su límite oriental hasta la Isla de Pascua.

MICRONESIA: «islas pequeñas»
MELANESIA: «islas negras»
POLINESIA: «numerosas islas»

Islas Marianas del Norte (EE.UU.)
MICRONESIA
ESTADOS FEDERADOS DE MICRONESIA
PALAOS
ISLAS MARSHALL
Islas Hawái (EE.UU.)
NAURU
K I R I B A T I
PAPÚA NUEVA GUINEA
ISLAS SALOMÓN
TUVALU
Tokelau (NZ)
Polinesia Francesa (FR)
MELANESIA
VANUATU
FIYI
SAMOA
Islas Cook (NZ)
Islas del Mar del Coral (AUS)
TONGA
AUSTRALIA
Norfolk (AUS)
Kermadec (NZ)
POLINESIA
Islas Pitcairn (R.U.)
Isla de Pascua (CH)
Tasmania (AUS)
NUEVA ZELANDA

La **ISLA DE PASCUA**, administrada por Chile, es una isla remotísima, que se encuentra a gran distancia de cualquier otro sitio poblado. Allí se desarrolló, apartada, la cultura Rapa Nui (el otro nombre que recibe la isla), cuyo legado más famoso son las enormes esculturas de piedra que se yerguen orgullosas por toda la isla: los moáis.

Los primeros en aventurarse por la extensión azul de Oceanía fueron los pueblos **POLINESIOS**. A bordo de sus canoas, partieron de Asia y llegaron primero a la Micronesia y la Melanesia, para desperdigarse después por la Polinesia.

Al cabo de mucho tiempo pasaría por allí la expedición de Magallanes y Elcano en su periplo alrededor del mundo; su viaje dio inicio a una época de descubrimientos, conquistas, intercambios comerciales y **EXPLORACIONES** por los míticos **«MARES DEL SUR»**.

JUAN SEBASTIÁN ELCANO

FERNANDO DE MAGALLANES

En el interior de Australia hay una amplia área de desierto conocida como **OUTBACK**. Territorio en el que apenas llueve y donde aprieta el sol, el Outback ha estado habitado por los aborígenes australianos desde miles de años atrás. Ellos poblaban la zona junto con otros habitantes autóctonos: serpientes y lagartos, canguros, dingos y aves como el águila audaz o la paloma plumífera.

Ningún arrecife coralino del planeta puede competir con la **GRAN BARRERA AUSTRALIANA**: con más de 2500 kilómetros, se extiende siguiendo la costa nororiental de Australia. Posee un importantísimo ecosistema marino imposible de enumerar, pues alberga todo tipo de vida, desde algas y plantas marinas hasta mamíferos (ballenas, delfines...), reptiles (tortugas, serpientes, cocodrilos...), aves marinas (charranes, garcetas de arrecife...), miles de especies de peces y moluscos y, por supuesto, coral —que, por si no lo sabías, ¡también es un animal!—.

Oceanía física

# Oceanía política

HAWÁI (EE.UU.)

ISLAS MIDWAY (EE.UU.)

ISLA WAKE (EE.UU.)

ATOLÓN JOHNSTON (EE.UU.)

ARRECIFE KINGMAN (EE.UU.)

ATOLÓN PALMYRA (EE.UU.)

ISLAS PITCAIRN (R.U.)

POLINESIA FRANCESA (FR)

KIRIBATI

ISLAS HOWLAND Y BAKER (EE.UU.)

ISLAS MARIANAS DEL NORTE (EE.UU.)

GUAM (EE.UU.)

ISLAS MARSHALL

ESTADOS FEDERADOS DE MICRONESIA

PALAOS

PAPÚA NUEVA GUINEA

NAURU

ISLAS SALOMÓN

KIRIBATI

TUVALU

TOKELAU (N.Z.)

SWAINS (EE.UU.)

WALLIS Y FUTUNA (FR)

FIYI

SAMOA

SAMOA AMER. (EE.UU.)

ISLAS COOK (N.Z.)

NIUE (N.Z.)

TONGA

VANUATU

NUEVA CALEDONIA (FR)

ISLAS KERMADEC (N.Z.)

NORFOLK (AUS)

ISLAS CHATHAM (N.Z.)

NUEVA ZELANDA

AUSTRALIA

TASMANIA (AUS)

ISLA DE PASCUA (CHILE)

## Países de Oceanía y sus capitales

Australia - Canberra
Estados Federados
de Micronesia - Palikir
Fiyi - Suva
Islas Marshall - Majuro
Islas Salomón - Honiara
Kiribati - Tarawa Sur
Nauru - Yaren

Nueva Zelanda - Wellington
Palaos - Ngerulmud
Papúa Nueva Guinea - Puerto
Moresby
Samoa - Apia
Tonga - Nukualofa
Tuvalu - Vaiaku (Funafuti)
Vanuatu - Port Vila

# Oceanía

Coral *Euphyllia ancora*

Peces de atolón

Loro aguileño de Nueva Guinea

Dilukai

Lago de las Medusas*

Islas Marianas del Norte (EE.UU.)

Piedra rai*

Guam (EE.UU.)

Submarinismo

ISLAS MARSHA

Indígena huli (Papúa Nueva Guinea)

Estrella de mármol

Ngerulmud

PALAOS

ESTADOS FEDERADOS DE MICRONESIA

Palikir

Paisaje kárstico*

Majuro

KIRIBA

Casuario*

Máscara tribal

Atolón Chuuk*

Korwar

Isla virgen

NAURU

Yaren

Tarawa Sur

Tocados de plumas (Papúa Nueva Guinea)

Canguro arborícola

Pitohuí bicolor*

Tortuga verde

PAPÚA NUEVA GUINEA

Puerto Moresby

Ave del paraíso real

ISLAS SALOMÓN

Honiara

Danza del Fuego

Dominios de Roi Mata*

Port Vila

VANUATU

Koala

Bumerán*

Nuez de Macadamia

Canguro rojo

AUSTRALIA

Monte Uluru*

Las Tres Hermanas

Sydney Tower

Sol y play

Pinturas rupestres de Gwion Gwion

Ópalo

Diablo espinoso*

Ópera de Sídney

Gran Barrera de Coral

Nueva Caledonia (FR)

Norfolk (AUS)

Rugby

Diyeridú*

Avión-ambulancia

Royal Flying Doctor Service*

Canberra

Sovereign Hill*

Tatuaje tradicional maorí*

Aborigen australiano

Serpiente mitológica Arcoíris

Diablo de Tasmania

Wellingt

NUEVA ZELANDA

Los Doce Apóstoles

Tasmania (AUS)

Canoa maorí waka

Kiwi*

76

Islas Midway (EE.UU.)

Serpiente Laticauda colubrina

Hawái (EE.UU.)

Albatros de Salvin

Camisa hawaiana

Danza Hula

Selva de Papúa Nueva Guinea

Salomon Scouts and Coastwatchers Memorial (Islas Salomón)

Fale tradicional samoana*

Océano Pacífico

Pez león

Cocoteros

Vivienda tradicional de Kiribati

KIRIBATI

Canoa polinesia a vela

Milennium Cave (Vanuatu)

Árbol pandano*

Figuras antropomorfas

KIRIBATI

Hombres de barro Asaro (Papúa Nueva Guinea)

KIRIBATI

ʻie (estera fina) de Samoa

Pez cirujano

Bungaló turístico

Polinesia Francesa (FR)

Vaiaku (Funafuti)

TUVALU

SAMOA    Apia

Samoa Americana (EE.UU.)

Suva  FIYI    TONGA    Niue (N.Z.)

Islas Cook (N.Z.)

Polinesia Francesa (FR)

Isla de Pascua

Islas Pitcairn (R.U.)

Nukualofa

Papagayo granate*

Kava

Mandioca

Polinesia Francesa (FR)

Nan Madol (Estados Federados de Micronesia)

Árbol pohutukawa

Yaca o frutipán

Fare tradicional polinesia

Míticos mares del sur

Lamington (Australia)

Fiordo de Milford Sound

Tarta Pavlova (Nueva Zelanda)

Poke hawaiano

Pescado crudo polinesio (Polinesia Francesa)

Kau kau (Papúa Nueva Guinea)

* Descúbrelos en la página 78

# Oceanía

## Lago de las Medusas

En una de las islas Roca de Palaos hay un lago poblado por medusas. Millones de ellas se trasladan de un extremo a otro del lago todos los días, persiguiendo al sol en su recorrido por el cielo. Si quieres verlas de cerca, podrás hacerlo sin miedo a que te piquen; estas medusas son inofensivas.

## Casuario

Lleva maquillaje azul brillante y luce una protuberancia en la cabeza. Esta ave de enorme tamaño no puede huir de sus depredadores echándose a volar, pero con sus fuertes garras y su terrible pico se defiende de maravilla de los perros salvajes y los cocodrilos. Y, si la cosa se pone fea, escapa dando saltos.

## Pitohuí bicolor

Es bastante común oír hablar de arañas venenosas, o también de serpientes venenosas, pero ¿pájaros venenosos? En las selvas de Nueva Guinea existen, y el pitohuí es uno de ellos. Él solo no puede producir veneno por sí mismo, pero come escarabajos que sí lo hacen; así consigue que su piel y sus plumas contengan toxinas, y te lo hará pasar mal si se te ocurre acariciarlo. ¡Podría incluso matarte!

## Diyeridú

Este instrumento de madera con forma de tubo funciona así: soplas por un extremo y el aire recorre su interior hueco hasta salir por el otro extremo. Parece algo muy simple, pero tocarlo no resulta tan sencillo, ya que debe sonar de forma continuada y para ello hay que soplar todo el tiempo, incluso cuando se toma el aire. ¿Imposible inspirar y espirar a la vez? ¡Es cuestión de técnica!

## Paisaje kárstico de Nauru

Nauru es un país formado por una sola isla. La isla era rica en fosfatos y gran parte de su superficie se ha excavado para extraerlos. Esta actividad minera ha dejado al descubierto el interior de la tierra, mostrando un paisaje muy particular: una multitud abigarrada de crestas y pináculos formados por la erosión del agua en la roca caliza.

## Bumerán

Quizá hayas jugado con un bumerán (o boomerang) en alguna ocasión, y tal vez incluso tengas uno. Pero este ingenioso objeto que regresa a las manos del lanzador no es ningún juguete: es un arma arrojadiza que los aborígenes australianos usaban para cazar, así como para golpear a un enemigo. La forma del bumerán le permite hacer una curva y volver al punto de partida; así, si fallas el golpe, ¡no tienes que ir a buscarlo!

## Piedra rai

Los habitantes de la isla micronesia de Yap tuvieron un sistema de moneda muy original. Consistió en grandes discos de piedra con un agujero en el centro, ¡poco apropiados para un bolsillo común y corriente! Sin embargo, lo importante de la piedra era el valor que se le daba, y al propietario le bastaba con saber que la piedra era suya; para comprar cosas con ella no necesitaba llevarla consigo.

## Dominios de Roi Mata (el rey Mata)

Roi Mata fue un gran jefe indígena de Vanuatu. Según la tradición nativa, fue un excelente líder que promovió la paz, y su historia ha ido pasando de generación en generación. Los «dominios» son tres lugares que fueron importantes en su vida, y donde hoy puedes ver cosas como su tumba o este tótem.

## Monte Uluru

No es monte ni montaña: es una sola roca enorme engarzada en la llanura australiana. Una piedra que se le podría meter en el zapato a un gigante. Para los pueblos de la zona es un lugar sagrado, y, sin duda, el Uluru tiene algo especial: elevado sobre la planicie, domina impasible la soledad del desierto, cambiando de color con los rayos del sol.

## Papagayo granate

Las islas de Oceanía son ricas en diversidad de especies animales y vegetales, algunas tan llamativas como este papagayo granate, una preciosidad que se puede encontrar en Fiyi y en Tonga. Cabeza y pecho de color rojo brillante, alas verdes y cola azul... A este papagayo descarado no le gusta pasar desapercibido.

## Sovereign Hill

A mediados del siglo XIX se encontró oro en el estado australiano de Victoria y se desató una «fiebre del oro» en la zona. Allí acudieron buscadores de dentro y fuera de Australia, tantos que la población del país se multiplicó brutalmente. Junto a las minas surgieron poblados que, acabado el oro, se esfumaron. Si tienes curiosidad por este episodio de la historia, puedes visitar el museo de Sovereign Hill.

## Atolón Chuuk

Un atolón es una formación cerrada de coral con un lago en medio. Imagina un volcán sobresaliendo en el agua: este volcán (con el hueco de su chimenea) se rodea de corales, que forman un anillo compacto a su alrededor. Si el volcán se hunde, queda un hueco en el interior del anillo de coral que se llena de agua (el lago). Si el volcán no se hunde del todo, asoman por la superficie del agua pedazos de tierra que forman islas. Así es como se formaron las islas del atolón Chuuk.

## Royal Flying Doctor Service of Australia

Australia es una isla con gran parte de su territorio despoblado. Muchas personas viven lejos de los núcleos de población en los que se encuentran los hospitales y los centros de servicios médicos. ¿Qué hacen si tienen una urgencia o no pueden desplazarse hasta allí? Llaman a los «Flying Doctors»: el servicio aéreo de ambulancia y asistencia médica que resuelve estos problemas.

## Árbol pandano

Este árbol enseña sus raíces por fuera del suelo, y se ancla fuertemente con ellas a la tierra; diríase que tiene miedo de salir volando. Vive en zonas tropicales y es bastante aprovechable, desde las raíces hasta las hojas, que se utilizan para fabricar numerosos artículos como cestos, sombreros y faldas, techos o hasta papel.

## Kiwi

Una fruta y un ave comparten el nombre. El ave podría pasar por la fruta, pero también por otro tipo de animal diferente a un ave, ya que sus alas son tan pequeñas que apenas se aprecian, tiene pelos de bigote felino y su plumaje, visto a cierta distancia, parece más bien pelo. Le delatan sus patas de pájaro y un largo pico aspirador.

## Diablo espinoso

Por las áridas arenas del desierto australiano avanza este pequeño lagarto cubierto de espinas. No es fácil verlo —es muy hábil camuflándose—, pero, si lo consigues, te llamará la atención su aspecto lleno de pinchos, el culpable de que reciba el nombre común de «diablo».

## Tatuaje maorí

Los maoríes son indígenas polinesios, habitantes sobre todo de Nueva Zelanda. Vivían en las islas de este país cuando llegaron los europeos, y por culpa de estos, su población descendió enormemente. Por fortuna, muchos rasgos de su cultura sobrevivieron, como los tatuajes lineales que cubren su cara y cuerpo, dibujos que no solo cumplen una función estética, pues están cargados de significado.

## Fale

Una casa sin paredes puede parecer extravagante, pero en Samoa es una construcción de lo más normal. Esta casa redonda está armada a base de cuerdas, pero es muy resistente. ¡Y muy ventilada! Ideal si vives junto al mar y la temperatura y la humedad son altas. Además, si quieres tener intimidad, simplemente tienes que bajar tus persianas de cocotero.

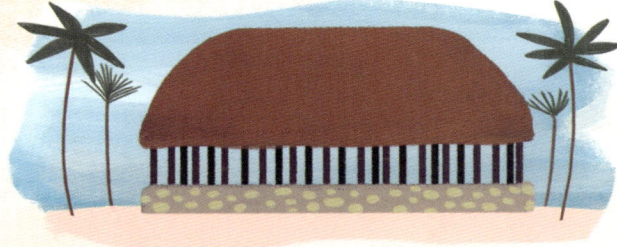

# Patrimonio de la Humanidad

Cuando heredas algo de un familiar (una casa, un terreno, muebles, una biblioteca o una obra de arte...), tienes un patrimonio. Si decides conservarlo y cuidarlo, podrás dejárselo después a tus hijos y nietos. Así, ese patrimonio seguirá formando parte de tu familia.

Pero algunos patrimonios pertenecen a una familia más grande... ¡a toda la humanidad!
Se trata de aquello que tiene un valor tan especial que debe ser compartido por el mundo entero.
Son cosas excepcionales que nos han legado los pueblos y civilizaciones del pasado, y muchas de ellas han sobrevivido durante cientos y miles de años.
Entre todos, podemos conservarlas y evitar que desaparezcan.

Existe un organismo que se creó para poder cuidar de este patrimonio mundial:
la UNESCO: la Organización de las Naciones Unidas para la Educación, la Ciencia y la Cultura.

Una parte de nuestra riqueza conforma el PATRIMONIO NATURAL, es decir, LAS OBRAS DE LA NATURALEZA.
Estructuras que se han formado a lo largo de millones de años; paisajes de extraordinaria belleza; ecosistemas únicos...

Estos lugares, además de asombrosos, pueden ser muy frágiles. Si no somos conscientes de su valor ni los protegemos de manera especial, podríamos perderlos.

La otra parte de nuestra herencia es el PATRIMONIO CULTURAL: LAS OBRAS DEL SER HUMANO.

Si puedes verlas y tocarlas con tus propias manos, se trata del patrimonio «material»; por ejemplo, grandes piezas de arquitectura, objetos que pertenecieron a pueblos y civilizaciones del pasado, obras de arte o pinturas prehistóricas...

Pero también hemos recibido una herencia cultural que, aunque no podamos tocar físicamente, merece la pena conservar. Músicas, tradiciones, estilos artísticos, técnicas artesanales, creencias, o conocimientos heredados de aquellos que nos precedieron... Es el patrimonio «inmaterial», y debemos conservarlo porque significó mucho en la vida de nuestros antepasados.

Las cosas se conservan para poder disfrutarlas. Disfrutar del patrimonio heredado nos enriquece, nos hace más sabios y nos ayuda a conocernos a nosotros mismos.

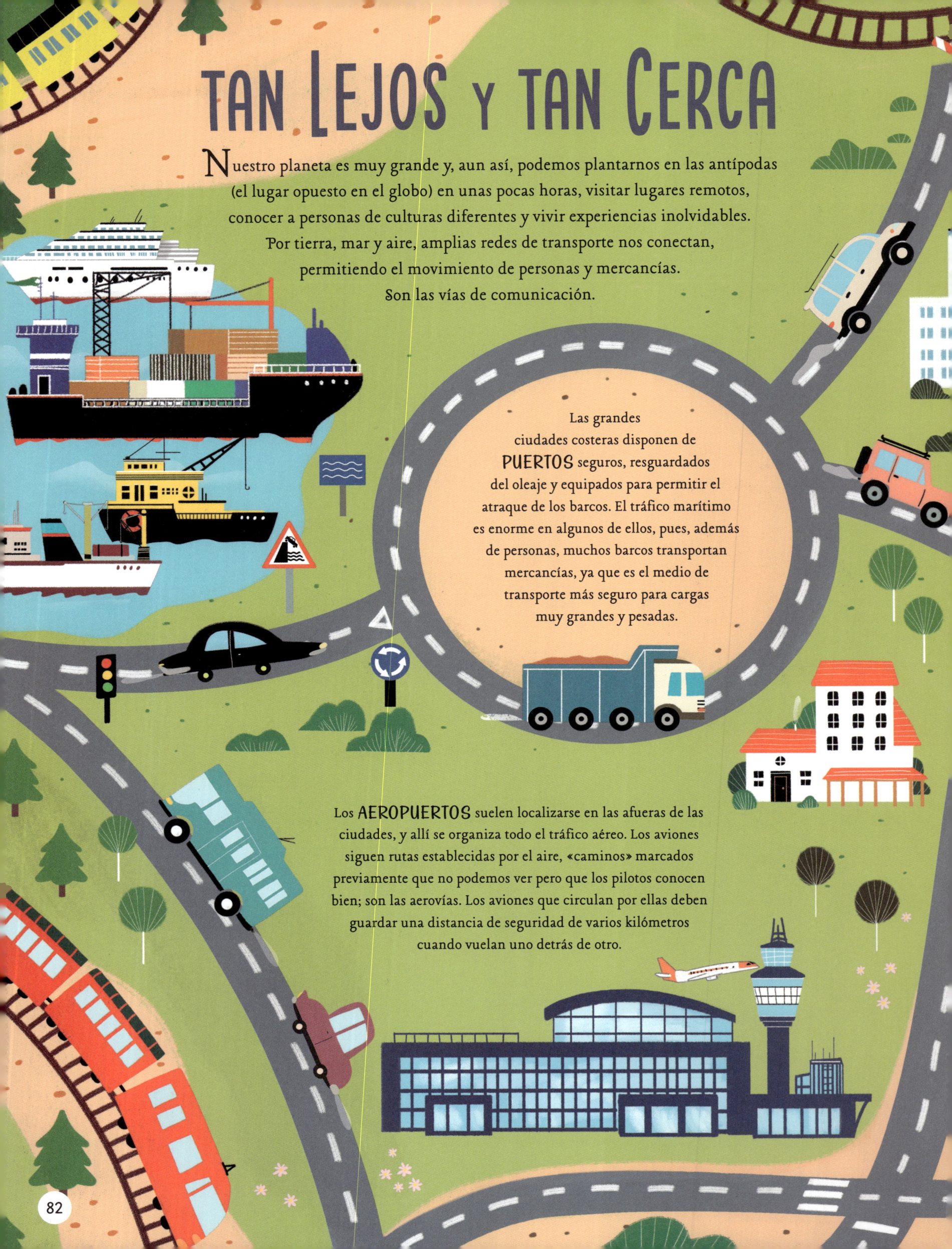

# TAN LEJOS Y TAN CERCA

Nuestro planeta es muy grande y, aun así, podemos plantarnos en las antípodas (el lugar opuesto en el globo) en unas pocas horas, visitar lugares remotos, conocer a personas de culturas diferentes y vivir experiencias inolvidables. Por tierra, mar y aire, amplias redes de transporte nos conectan, permitiendo el movimiento de personas y mercancías. Son las vías de comunicación.

Las grandes ciudades costeras disponen de **PUERTOS** seguros, resguardados del oleaje y equipados para permitir el atraque de los barcos. El tráfico marítimo es enorme en algunos de ellos, pues, además de personas, muchos barcos transportan mercancías, ya que es el medio de transporte más seguro para cargas muy grandes y pesadas.

Los **AEROPUERTOS** suelen localizarse en las afueras de las ciudades, y allí se organiza todo el tráfico aéreo. Los aviones siguen rutas establecidas por el aire, «caminos» marcados previamente que no podemos ver pero que los pilotos conocen bien; son las aerovías. Los aviones que circulan por ellas deben guardar una distancia de seguridad de varios kilómetros cuando vuelan uno detrás de otro.

Tanto los puertos de mar como los aeropuertos están conectados por tierra con el interior. La **RED DE CARRETERAS** del planeta es enorme, porque no ha hecho más que crecer desde que se inventó la rueda en la prehistoria.

Las primeras locomotoras de vapor surgieron a principios del siglo XIX. Hasta entonces, los vagones que iban sobre raíles eran tirados por animales, pero la máquina de vapor lo cambió todo: la llegada del **FERROCARRIL** permitió grandes movimientos de población, acortando el tiempo de los viajes enormemente. Con los trenes de alta velocidad actuales y los kilómetros de redes ferroviarias existentes, puedes atravesar un continente en muy poco tiempo.

# COMUNICACIÓN
## A DISTANCIA

Los transportes nos permiten desplazarnos y reunirnos con aquellos que están en otro lugar. Y eso es ideal, porque la presencia física de una persona es muy valiosa; nos hace sentir, nos permite comprenderla mejor y nos ayuda a conocernos a nosotros mismos. Pero, en ocasiones, no es posible hablar cara a cara. Entonces, recurrimos a otros medios para comunicarnos.

Antiguamente, si alguien quería decir algo importante a una persona lejana, debía enviar un mensajero, que llevaba su mensaje escrito en una carta. Si tenía que viajar mucha distancia, el mensajero paraba en una **posta** para descansar (y quizá, si viajaba a caballo, cambiaba de animal, o incluso él mismo podía ser relevado por otro mensajero).
Đe la palabra *posta* procede el **CORREO POSTAL**, que hoy requiere una gran infraestructura con oficinas, servicios de transporte y muchos trabajadores.

En el siglo XIX se empezó a usar el **TELÉGRAFO**. Con este sistema se podían enviar pulsos eléctricos a través de un cable. Los pulsos se transmitían desde un aparato emisor hasta un receptor, al otro lado del cable.

Siguiendo un código de pulsos breves o largos —que, combinados, equivalían a letras—, se podía descifrar el mensaje (el telegrama). Ese código es el **morse**, que recibe el nombre de su inventor, Samuel Morse.

TELÉGRAFO PARA CÓDIGO MORSE

Emisor

Receptor

La llegada del **TELÉFONO** cambió la manera de comunicarse. Permitió escuchar la voz de personas que se encontraban a muchos kilómetros de distancia (¡una auténtica revolución!). ¡Y la comunicación era instantánea! La **red de telefonía** se extendió por todo el planeta, con teléfonos públicos instalados en establecimientos o en cabinas en la calle.

TELÉFONO ANTIGUO

Teléfono candelabro de principios del siglo XX

Si dos personas quieren hablar por teléfono móvil, ambos dispositivos deberán tener conexión cada uno con una antena, que es la que recibe y envía las señales de radio que salen y llegan a los dispositivos. Si alguno no tiene una antena cerca, no tendrá cobertura.

Además, con los dispositivos digitales también podemos comunicarnos a través de la red de Internet (INTERconected NETwork, es decir, «red interconectada»), que permite enviar mensajes y hacer llamadas y videollamadas, siempre que el dispositivo reciba la señal de una red inalámbrica a través de la tecnología wifi.

# Estudiamos la Tierra

Millones de seres vivos habitan el planeta y todos cuentan
con sus propias herramientas para conocer su entorno y sobrevivir.
Pero el ser humano ha ido más allá en ese conocimiento.
La ciencia nos ha permitido descubrir el planeta en profundidad,
y, cuanto más lo conocemos, más nos sorprende.

Hoy sabemos que todo está relacionado y que, aunque haya países y fronteras,
el planeta es solo uno y el mismo para todos los seres vivos. Todo en él está conectado:
el aire, el agua de los océanos, la vida que se distribuye y viaja por el mundo.

¿Conoces el «efecto mariposa»? Es la idea de que lo que ocurre
en un lugar, por insignificante que parezca, puede tener un gran
efecto en otro sitio lejano. Se utiliza la metáfora de la mariposa
que, con un simple aleteo en Brasil, pone en marcha los cambios
que acaban desencadenando un tornado en Estados Unidos.

Sí, todo está conectado.
Por eso las **CIENCIAS QUE ESTUDIAN LA TIERRA** también están interrelacionadas.

La **GEOGRAFÍA** estudia la superficie de la Tierra, los diferentes tipos de paisaje que se forman, el relieve (montañas, valles, llanuras) o el ciclo del agua. La geografía intenta averiguar cómo influye el paisaje en los habitantes de un lugar y cómo ellos lo cambian asimismo.

ESTRABÓN

Describió en el siglo I a.C. el mundo físico que se conocía en la antigüedad y los pueblos que lo habitaban.

ALEXANDER VON HUMBOLDT

Por primera vez, estudió la geografía con una visión global, teniendo en cuenta que todo está relacionado.

NICOLÁS STENO

Observó que las capas de la superficie terrestre se van superponiendo y que excavar hacia abajo es como viajar al pasado.

ALFRED WEGENER

Explicó la deriva continental: los continentes se mueven y cambian de posición y de forma.

La **GEOLOGÍA** trata de describir el planeta y explicar lo que le ocurre. Estudia su composición (rocas y minerales), los procesos que se dan en él (volcanes, terremotos...) o las transformaciones físicas que ha sufrido a lo largo de la historia.

La **CLIMATOLOGÍA** estudia los climas de la Tierra y su evolución a lo largo de la historia, mientras que la **METEOROLOGÍA** se encarga de los fenómenos meteorológicos y del tiempo.

ANDERS CELSIUS

100 °C

Proporcionó el sistema de medición de la temperatura que se utiliza actualmente, el de los grados centígrados.

Las **CIENCIAS DEL MAR** incluyen las ramas que acabamos de ver pero se centran en los océanos, así que estudian el relieve del fondo oceánico, la composición del agua y de la tierra sumergida, la geología marina, procesos como maremotos o mareas, las corrientes marinas... Y también las relaciones entre los seres vivos y todos los aspectos físicos.

# Océanos

La corteza terrestre es la capa más externa de la Tierra, y está cubierta por una inmensa masa de agua. Como la superficie de la corteza tiene relieve, las partes más elevadas sobresalen por encima del nivel del mar: son los continentes y las islas.

La ingente cantidad de agua que forma los océanos es clave para la vida en la Tierra. No solo absorbe parte de la radiación solar, sino que regula las temperaturas globales del planeta gracias a las **CORRIENTES OCEÁNICAS**, enormes ríos submarinos que transportan millones de litros de agua de un lugar a otro del planeta, llevando el agua fría de los polos al ecuador y el agua caliente de los trópicos hacia los casquetes polares. La circulación y los movimientos de agua fría y caliente influyen en el clima y en las condiciones atmosféricas.

Las corrientes oceánicas no solo transportan agua; muchos animales aprovechan estos flujos torrenciales para «montarse» en ellos y realizar tramos de su **MIGRACIÓN** (ya que algunas migraciones son de miles de kilómetros).

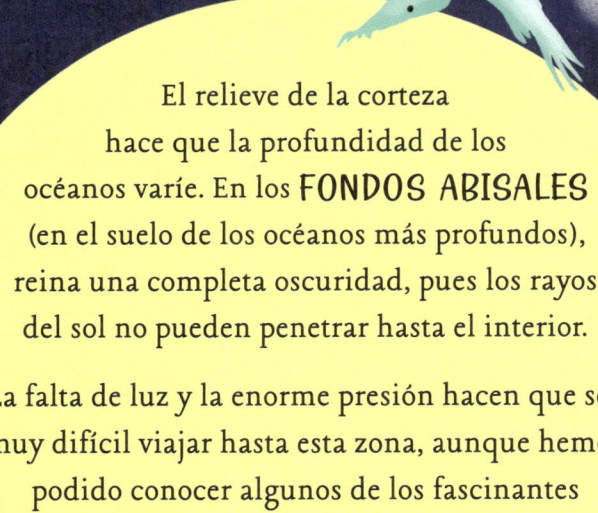

El relieve de la corteza hace que la profundidad de los océanos varíe. En los **FONDOS ABISALES** (en el suelo de los océanos más profundos), reina una completa oscuridad, pues los rayos del sol no pueden penetrar hasta el interior.

La falta de luz y la enorme presión hacen que sea muy difícil viajar hasta esta zona, aunque hemos podido conocer algunos de los fascinantes animales que se han adaptado sorprendentemente bien a ella.

En las capas más superficiales, sin embargo, el paisaje marino es rico y diverso. Hay peces, mamíferos, tortugas marinas, pulpos, algas, corales, crustáceos, moluscos... y unos organismos microscópicos que son esenciales para la vida de todo el planeta: el **PLANCTON**.

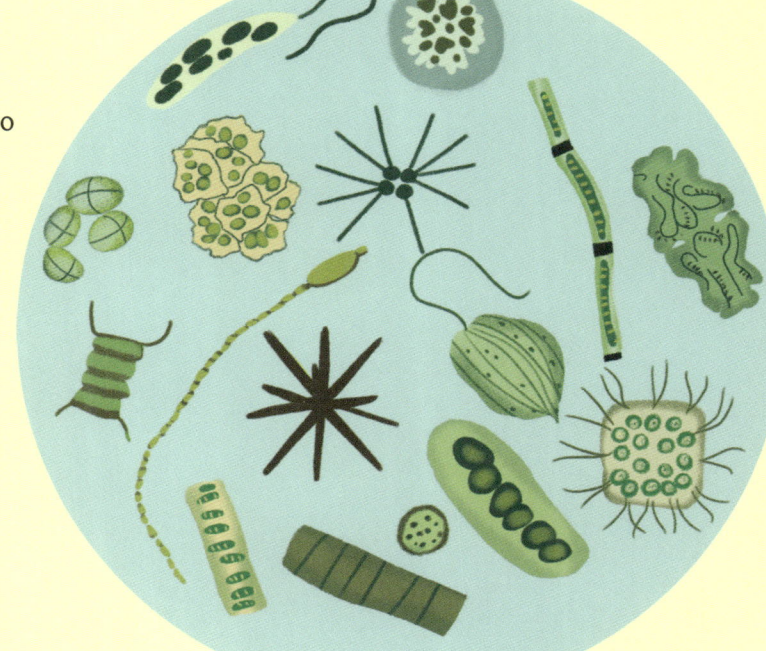

Pegado a la superficie del mar, como flotando en el agua, está el **FITOPLANCTON**, que necesita la luz del sol para alimentarse realizando la fotosíntesis. Este plancton vegetal es el verdadero héroe de la Tierra: consume dióxido de carbono y libera a la atmósfera gran cantidad de oxígeno, algo de lo que depende la supervivencia de todos los seres vivos, marinos o terrestres.

El fitoplancton, además, sirve directamente de comida al **ZOOPLANCTON**, el plancton animal; este alimenta a otros animales como peces, crustáceos o estrellas de mar, y estos a su vez forman el menú de animales más grandes. Así, la cadena alimenticia mantiene su equilibrio.

Los océanos proporcionan el sustento de muchos seres vivos, y sin ellos no estaríamos aquí. ¿Sabías que fue en el mar donde empezó a desarrollarse la vida?

La vida: un fenómeno increíble, casi mágico. Tan vulnerable y a la vez tan resistente.

# Vida en

Desde que los primeros seres empezaron a desarrollarse en los océanos, la vida no ha hecho más que abrirse camino incluso en las condiciones más extremas.

La evolución, siempre en marcha, conlleva una selección natural que impone la lucha por la supervivencia, y solo los mejor adaptados sobreviven. Pero precisamente esa necesidad de adaptarse al medio es la que ha dado lugar a la enorme diversidad de especies que ha habido y habrá en el futuro.

Todo comenzó con un organismo **UNICELULAR** (una célula) capaz de reproducirse, que dio lugar a las bacterias y las arqueas. Un grupo de bacterias empezó a hacer la fotosíntesis utilizando la luz del sol para fabricar su propio alimento.

En los mares aparecieron seres **PLURICELULARES** (con más de una célula), que pudieron crecer en tamaño. Hubo algas, anémonas, erizos y estrellas de mar; mejillones, almejas, babosas.... Surgieron animales como el trilobite, depredadores como el anomalocaris, y también los antepasados de pulpos y calamares.

Llegaron más adelante los **PECES**, que tenían columna vertebral y podían moverse con rapidez.

Pero los peces quisieron salir fuera del agua para conquistar también la tierra. El **TIKTAALIK** fue uno de los aventureros, un animal a medio camino entre pez y anfibio.

Evolucionaron entonces los **ANFIBIOS** (los cuales, aunque se crían en el agua, luego salen a tierra, como el renacuajo que más tarde es rana), y también los tetrápodos terrestres, animales con cuatro extremidades que ya caminaban fuera del agua.

# la Tierra

Entre los tetrápodos, los **REPTILES**, que ya no dependían del agua, se adentraron en tierra y la colonizaron. ¡Llegó el momento de los dinosaurios y de los reptiles voladores!

De los dinosaurios descendieron las **AVES**. Además, llegaron los primeros **MAMÍFEROS**. Después de la extinción de los dinosaurios, los mamíferos y las aves ocuparon su lugar en tierra y cielo.

Animales, plantas, hongos, mohos, algas...

Todos dependemos unos de otros y, mientras sigamos evolucionando, seremos el gran tesoro del planeta Tierra, un lugar único en el universo.

# El cielo y la tierra

La Tierra es tan grande que nuestra mirada no puede abarcar más que un pedazo de ella. Hoy recibimos imágenes desde el espacio y conocemos sus verdaderas dimensiones; sin embargo, cuando no había cohetes ni satélites, cuando no existían los aviones, ni siquiera los globos aerostáticos, la cima de una montaña era el único lugar desde donde elevarnos, mirar lejos y fantasear con aquello que no podíamos ver.

¿Qué es lo que sí veíamos? El mar, el cielo y la tierra, y en el cielo, el sol y la luna. ¿De dónde salieron? La imaginación y la necesidad de dar una explicación a lo desconocido produjeron numerosos mitos y leyendas que narraban el origen del mundo.

En la **mitología nórdica**, la tierra —con sus montes, ríos y lagos—, el cielo, las nubes y las estrellas fueron creados por el dios supremo **ODÍN** con el cuerpo de Ymir, el primer gigante, a quien venció en una guerra.

En la **mitología griega**, **GEA** o **GAIA** era una diosa primordial. Ella sola engendró a Urano (el cielo), a Ponto (el océano) y a los Oreos (las montañas). Luego se unió con Urano para tener descendencia con él.

Para la **civilización incaica**, la madre tierra era **PACHAMAMA**, una diosa de la fertilidad que fecunda los campos y engendra los árboles y las montañas. Los pueblos andinos siguen rindiendo culto a esta diosa protectora, hija de Viracocha, el dios creador del que también proceden Inti (el sol) y Mama Quilla (la luna).

En la mitología hindú,
MATA PRITHVI es la madre tierra,
y está casada con el padre cielo DYAUS PITA.

Pero no siempre la tierra ha sido personificada por una mujer. En la mitología egipcia, la tierra es un dios y el cielo una diosa. Son GEB y NUT, que fueron creados, según una versión del mito, por el dios supremo Ra (el sol), que los escupió. Cuando son representados juntos, normalmente Geb sujeta a Nut, colocada en arco como la bóveda celeste.

En la mitología china, tierra y cielo surgieron de un huevo negro en cuyo interior, en un oscuro caos, estaba Pan Ku, el ser primigenio. Pan Ku rompió el huevo para salir de él y ordenó el caos, separando las dos mitades: la tierra y el cielo, el YIN y el YANG.

En el origen del mundo está la tierra. Antes que los pájaros, antes que las flores, antes que el hombre está la tierra. No debe parecernos extraño: es nuestro hogar, ella nos da la vida y nos alimenta; por eso la veneramos. Ahora, además, debemos aprender a cuidarla, pues sin ella no tenemos nada.